世界を踊るトゥシューズ

私とバレエ

針山愛美

論創社

目次

激動の世界で踊り続ける

「もう、明日はないかもしれない」と思ったのは、一度や二度ではありません。十六歳、たった一人でボリショイバレエ学校に留学したとき、崩壊直後のソビエト連邦は混乱のるつぼでした。目の前を戦車が行きかい、ガス銃で撃たれ、マフィアに襲われそうになったことは数知れません。零下二十度の極寒の中、食べるものもわずかで、たった一つのパンを買うのに、一時間並んでも手に入らない日さえありました。

私が留学したボリショイバレエ学校の寮は、シャワーのお湯も出ず、何枚重ね着をしても、寒さから逃れることはできず、眠れぬ日々を過ごしました。そんななか、バレエだけが私の救いでした。バレエは私の生きがいであり、夢であり、教師であり、友であり続けました。凍りつくようなバーに手をかけ、バレエのレッスンに励みました。ロシア人との体格の違いを乗り越え、日本人としての魅力を磨き続けようと必死で練習に励みました。

危険を承知で公演を見にボリショイ劇場やダンチェンコ劇場に通いました。政治的・社会的な混乱のただ中でも、クラシックバレエの伝統は劇場の中で生き続け、最高峰のバレエダンサーの公演に心を震わせました。

ロシアを離れ、初めてヨーロッパに出たときは、すべてが輝いて見えました。パリ国際バレエコンクール表彰式後のパーティでは、二十世紀バレエの最高峰、マイヤ・プリセツカヤから、「踊って、踊って、踊り続けなさい」と、声をかけていただきました。バレエの神髄に目を開かされた思いです。

ジャクソン国際バレエコンクールへの出場をきっかけに、ヨーロッパからアメリカに渡りました。アメリカのバレエカンパニーではさまざまな経験をしました。しかしボストン・バレエに入団した二〇〇一年、アメリカ同時多発テロが発生、世界は「波乱の時代」に突入しました。アメリカはいまも「9・11」の影を引きずっています。

二〇〇四年にベルリン国立バレエ団に入団した後も、私のバレエのレパートリーは広がりました。芸術監督ウラジーミル・マラーホフが率いるベルリン国立バレエ団は、三つのバレエ団が統合して創設され、私は第一期生となりました。

国際都市ベルリンには世界中から若いアーティストが集まり、さまざまなコラボレーションやイベントが展開されます。ダンサー、音楽家、画家、コンピュータ・サイエンティストなど、あらゆるジャンルのコラボレーションが毎日繰り広げられます。

ベルリン・フィルハーモニー管弦楽団の演奏会やオペラには、どれほど通ったことでしょう。小澤征爾、クラウディオ・アバド、サイモン・ラトル、ダニエル・バレンボイム、キリル・ペトレンコなど、世紀のマエストロの演奏を間近で聞くことができました。

すべてが私の体と心に刻まれ、バレエを通して身体表現に現われてきます。

振り返ると旧ソ連圏内では極東からキエフ、ドネツク、ムルマンスクまで、ヨーロッパはドイツ、フランス、スペインからクロアチア、スロバキアまで、ほとんどの国・地域をかけめぐりました。アメリカ大陸は東海岸のニューヨーク、ボストン、クリーブランドから西海岸のサンノゼまで、何度もバスや飛行機で横断しました。

中国、台湾、タイなどでもバレエは徐々に広がり始めています。近い将来、アジアの国々からも偉大なダンサーたちが輩出されるでしょう。キューバでの経験は衝撃的でした。独自の音楽、内面からあふれ出る身体表現、トゥシューズや衣装はなくても、魂からほとばしる踊りへの情熱に心を打たれました。激動の世界で踊り続けて、たくさんの出会いがありました。この本はいわば私が出会った人たちとのコラボレーションの結晶です。

そして日本。バレエには「踊る喜び」と「見る喜び」があります。子どもたちだけでなく、ぜひ幅広い年代の方々にバレエを踊る楽しみを知ってほしい、そしてバレエを見る機会をもっと増やしてほしいと思います。私もプリセツカヤの言葉通り、これからも踊って、踊って、踊り続けます。


序文の場を借りて心から謝辞を捧げたいと思います。

まずウラジーミル・マラーホフさん。クラシックバレエの天才と呼ばれ、ベルリン国立バレエ団の芸術監督として活躍、十年にわたるバレエ団での指導を通して、マラーホフさんから多くのことを学びました。自然へのあこがれ、舞台への集中力、踊りの厳しさ、創造力など、バレエの神髄に触れることができました。この本の中に、そして帯にも登場いただきました。

イリーナ・コルパコワ先生からは娘のようにかわいがってもらいました。ワガノワ・バレエの伝統をいまに伝え、「夢コンサート」にも毎回メッセージをいただきます。ラリッサ・ドブラジャン先生はいまでもドイツの母のようです。リュドミラ・コワリョーワ先生とは十三歳のときワガノワ・バレエ学校で出会い、のちにレニングラード国立バレエで『白鳥の湖』を踊るときにリハーサルを指導していただき、プロ活動の転機となりました。タチアナ・テレホワ先生はジャクソン国際バレエコンクール以来、踊りの強さの必要性を教えてくれました。マリーナ・レオノバ先生は十六歳でボリショイバレエ学校に入学したときの担任で、いまは校長先生となり、私の企画したワークショップにも協力していただいています。どれほど素晴らしい先生たちにご指導をいただいたか、考えるだけでも感謝の気持ちがあふれます。

チェロの巨匠ダヴィド・ゲリンガスさんとは音楽とダンスのコラボレーションに正面から取り組みました。一つひとつの音の粒を感じながら踊る喜びは忘れません。ベルリンフィルのバイオリニストで作曲家のホルム・ビークホルツさんとのコラボレーションは刺激に満ち溢れていました。私のために作曲していただいたことにも感謝を捧げます。

父、針山憲夫、母、和子、そして二人の妹、祐美と真実は世界のどこにいても一緒です。激動の世界で踊り続けることができたのも、つねに家族の支えがあったからです。

論創社の編集者志賀信夫さんには、出版をお引き受けいただき、お礼の言葉もありません。志賀さんはご自身も舞踏や現代芸術の批評家として知られ、バレエへの造詣が深く、素晴らしい本に仕上げていただきました。

最後にこの原稿を文字としてまとめられた倉澤治雄さんには、根気強く私の話を聞いていただきました。この本の出版は倉澤さんの発案です。ジャーナリストとして科学や国際情勢を精力的に取材されていますが、クラシック音楽への造詣が深く、父同様、かつてはクラリネットを吹いておられました。

志賀さんと倉澤さんのご尽力は一生忘れません。

この本は私が出会ったすべての人々、バレエを志す人々、そしてバレエや芸術を愛するすべての人々に捧げたいと思います。

針山愛美

第一章　ボリショイへの旅立ち

ボリショイ劇場、いまと昔

二〇一六年夏、二十数年ぶりにモスクワのボリショイバレエ学校の寮に日本の子どもたちと一緒に宿泊したとき、何とも言えない感情が沸き起こり、胸が締め付けられる思いでした。旧ソ連邦の崩壊やそれに続くモスクワでの政変のなか、ボリショイバレエ学校でひたすらバレエの練習に打ち込んだ日々が思い出されます。

モスクワの冬の寒さは格別です。マイナス二十度以下という極寒のなか、寮ではコートを着ていても寒さで眠れませんでした。食べ物もろくにありません。洗濯機もなく、日々、冷たい水で洗濯した記憶が蘇ってきました。

毎日、家族に手紙を書きました。家族からの手紙がどれほど心を温めてくれたことでしょう。必死に生きてきた記憶が、昨日のことのように蘇ってきます。

いまボリショイ劇場に立ってみると、時代はずいぶん変わりました。ボリショイ劇場の中に入るのは、卒業公演以来二十一年ぶりのことです。

バレエ学校の寮には何人かの日本人の姿も見られます。もう食べるものに困ることはなくなりました。

またインターネットで世界のだれとでも連絡を取れるようになりました。私がいたときの話をしても、おそらくだれにも信じてもらえないでしょう。

物質的には貧しい生活でしたが、バレエの練習に打ち込むことができた、幸せな日々でした。当時私の担任だったマリーナ・レオノバ先生は、ボリショイバレエ学校の校長先生になっていました。いまや近づきがたい雰囲気ですが、それでもお会いすると、昔のままの先生と生徒の雰囲気で話をしてくださいます。

クラスを訪ねると、時流に惑わされず、伝統を受け継いだレッスンが行われているのを見て嬉しくなりました。また当時のクラスメートも、すっかり立派な先生として活躍しています。昔の思い出を語り始めると、時間が経つのを忘れてしまいます。

私がプロになってからアメリカでお世話になった方々のうち、何人かはロシアに戻っていました。芸術は人間をつなぎ、世界をつなぎ、人々の心を奮い立たせてくれます。

それにしてもモスクワはなんと豊かになったことでしょうか。便利でリッチなモスクワの姿は、残念ながら私の心を少し失望させました。貧しくても昔のモスクワは素晴らしかったと感じています。

懐かしさと失望が入り混じった複雑な思いを抱きながらモスクワを後にしました。

私はいま、バレエダンサーとして世界各地で公演を行うかたわら、世界を目指す日本の若者を率

トゥシューズの工房

いて、世界最高峰の教師たちによるレッスンを受けるワークショップを行っています。ワークショップではなかなか入ることのできない劇場の内部を見てもらい、トゥシューズの工房を訪ねるなど、私だからできるプログラムを手作りで組んでいます。

またバレエコンクールの審査員をつとめたり、後進の指導にあたっています。

私が語り継いでおきたいことは、バレエの素晴らしさ、芸術の素晴らしさ、そして人と出会うことの素晴らしさです。

この本を通じて、バレエのこと、芸術のこと、そして世界のことを少しでも知っていただければ幸いです。

ベルリンの**不思議**な**魅力**

ドイツという国はとても保守的な国です。でも首都ベルリンは大変オープンな都市です。私は二〇〇四年にウラジーミル・マラーホフが率いるベルリン国立バレエ団に入団しました。二十七歳のときでした。それ以来、ベルリンに居を構えています。

私が初めてロシアに旅立ったのは一九九一年、まだ旧ソビエト時代でした。一九九六年にはスタニスラフスキー&ネミロヴィチ・ダンチェンコ記念モスクワ音楽劇場（通称ダンチェンコ劇場）でプロとしてのデビューを果たしました。

ロシアからヨーロッパに出て、エッセン・アルトシアターに入団したのが一九九七年、翌年の一九九八年にはアメリカに渡り、バレエ・インターナショナルに入団しました。

そして二〇〇四年、ウラジーミル・マラーホフ率いるベルリン国立バレエ団に入団しました。以後、二〇一四年に退団するまで、ずっとベルリンを根拠地としていました。

一九八九年のベルリンの壁崩壊以来、ベルリンは国際都市として発展しています。ベルリン・フィルハーモニー管弦楽団が本拠地を構えていることもあり、世界中からさまざまなアーティストがやってきます。

ベルリンは人と人がつながる街です。例えば彫刻家の友人を通じて画家と知り合い、画家を通じてギャラリストと知り合い、ギャラリストを通じてシンガーと出会って、何か一緒にやってみようということになり、イベントが生まれていきます。

一方で、私がベルリンに来た当時は、空き家や空っぽの工場がたくさんあり、スペースには事欠きませんでした。舞台はどこにでもあります。町のいたるところで実験的な試みが行われています。無料のパフォーマンスからオペラまで幅広いイベントが毎日のように繰り広げられています。

それを見に来るお客さまもたくさんいます。ベルリンフィルの人たちと知り合うなど、面白いこと、新しいことにチャレンジしたい人たちが世界から集まってきて、新しいエネルギーがどんどん混じり合います。

街の様子は日々変化を遂げています。変化の中に身を置いてみると、本当に自分が生きているという実感があります。

私がベルリン国立バレエ団に在籍していた間も、さまざまなコラボレーションやパフォーマンスを行ってきました。駅の中で行われた音楽フェスティバル、建物全体を使った実験的なパフォーマンス、飛び込み台のあるプールの底で繰り広げた画家とのコラボレーションなど、日本では想像もできないプロジェクトを実現しました。

ベルリンには三つのオペラ劇場があります。同じ『蝶々夫人』でも、三つの演出を何組ものキャストで見られます。オーケストラにもトップクラスのものが六つあります。毎日どの演奏会を選んでよいかわからないほどです。

私たちアーティストはチケットに余裕があれば、約十五ユーロで見られます。音楽好きには世界一贅沢な環境です。三つの歌劇場がある街は世界でベルリンただ一つではないでしょうか。

私はいまベルリンのアレクサンダープラッツに住んでいますが、一生ベルリンに関わりたいと思い、ベートーベン通りに小さなアパートを購入しました。なんと素晴らしい名前でしょう。いくら放浪の旅をしていても、まるで磁石に吸い付けられるようにベルリンに戻ってきます。

生活費は安く、とても住みやすい街です。いまも建設ラッシュが続いています。ドイツは保守的な国ですが、ベルリンでは同性愛者も結婚できるなど、とてもすべてがオープンな町です。

ロシアでバレエ修行していた私が西側に出ることを決心し、初めてオーディションツアーに参加するため片道切符を買って出てきたのがベルリンでした。当時のベルリンは色のない街でした。その後、私はアメリカに行きましたが、五年後にベルリンに戻ってきたとき、ここではロシアとアメリカが混在していることに気がつきました。

壁は崩壊しましたが、分断の歴史は人々の国民性として残っています。すでにベルリンの壁を知らない世代が増えています。

ベルリンの壁崩壊

第二次世界大戦が終わると、世界はアメリカを中心とする資本主義・自由主義陣営と旧ソビエト連邦を中心とする共産主義・社会主義陣営の対立構造が深まった。

第二次世界大戦の英雄で、イギリスの元首相ウィンストン・チャーチルは一九四六年、「ヨーロッパ大陸を横切る鉄のカーテンが降ろされた。中部ヨーロッパと東ヨーロッパの歴史ある首都は、壁の向こう側にある」と演説で語った。「東西冷戦」の始まりである。

敗戦国となったドイツは、旧ソビエト連邦とアメリカ・イギリス・フランスの戦勝四カ国によって、分割統治が行われることになった。一九四九年にはドイツ民主共和国（東ドイツ）とドイツ連邦共和国（西ドイツ）が成立、分断が固定化された。東ドイツの中に飛び地のように存在する首都ベルリンは、旧ソ連側が管理する東ベルリンと米英仏が管理する西ベルリンに分断された。

一九六一年八月十三日、ベルリン市内に東西を隔てる壁が出現した。東ベルリンから西ベルリンを経由して、西ドイツに脱出する人々を遮断するため、東ドイツが建設を始めたのだ。この日を境にベルリン市民の自由通行は断絶され、「鉄のカーテン」と「ベルリンの壁」により、二重に閉ざされることになった。だが、「壁」によって土地を隔てることはできても、自由を求める人々の心の中に

「壁」を築くことはできなかった。東から西へ逃れるため、壁を乗り越えようとした市民が死亡する悲劇は後を絶たなかった。

一九八五年、旧ソ連でミハイル・ゴルバチョフがソビエト共産党書記長に就任し、「ペレストロイカ（改革）」と「グラスノスチ（情報公開）」を進めると、ポーランドやハンガリーで民主化への動きが加速した。しかし東ドイツではエーリッヒ・ホーネッカー国家評議会議長のもと、厳しい分断政策が続いていた。

一九八九年は世界にとって特別な年となった。東ドイツではハンガリー経由で西側に逃れる人々が後を絶たず、「鉄のカーテン」が綻び始めた。八月、夏休みシーズンを利用して休暇を取得した東ドイツ市民が、「ピクニック」の名目で、ハンガリーに殺到した。もはや人々の流れを止めることはできず、ハンガリーはオーストリアとの国境を開放した。

東ドイツ国内でも民主化を求める運動が高まった。

運命の十一月九日、東ドイツ社会主義統一党のシャボフスキー政治報道局長が、「東ドイツ国民はベルリンの壁を含めてすべての国境通過点から出国が認められる」と発表すると、集まっていた四百人を超える西側メディアと東ドイツの国営放送が一斉にニュース速報として伝えた。

午後七時過ぎ、報道を聞いた市民たちが続々と東西ベルリンを隔てる検問所に集まってきた。とくにベルリン市の中央部にあるチェックポイント・チャーリーには、東ベルリン市民に加えて、反対側から西ベルリン市民が多数押し掛けた。

午後九時すぎ、検問所に集まった市民は数万人に膨れ上がった。口々に「ゲートを開けろ」と叫ぶと、もはや自由を求める群衆を制止する手段はなくなっていた。

午後十一時前、検問所のゲートが開けられると、東西のベルリン市民は入り混じり、歓喜とともに抱き合った。ベルリンの壁は崩壊した。群衆の中には、一人の女性理論物理学者がいた。十六年後、ドイツ連邦共和国の首相となるアンゲラ・メルケルである。

「ベルリンの壁崩壊」は「鉄のカーテン」にも波及した。ポーランドやハンガリーだけでなく、チェコスロバキア、ブルガリア、ルーマニアでも民主化のうねりが高まり、旧政権は崩壊した。「東西冷戦の終結」である。

一九九〇年十月三日、東西ドイツは悲願の統一を成し遂げた。ベルリン旧帝国議会議事堂で行われた記念式典では、ベートーベンの交響曲第九番「合唱付き」が演奏され、ドイツ・ロマン派の詩人シラーの「歓喜に寄す」が高らかに鳴り響いた。

喜びを持とう、太陽が華やかな空を飛ぶように
走れ兄弟よ、あなたたちの道を
喜びを抱き、英雄のように、勝利に向かって

生い立ち、そして家族

私が生まれ落ちたのは兵庫県の相生市《あいおい》です。両親とも音楽家で、大阪の吹田市に住んでいましたが、初めての子なので母が実家に戻って生んだようです。一九七七（昭和五十二）年四月十七日の朝、破水した母が播磨病院に行くとすぐに生まれたそうです。三千五百グラムでした。

母はピアニストです。物心がついてから、ピアノ、バレエ、それに絵を習っていましたが、ピアノの先生は母でした。

幼稚園で年長組のときの舞台

バレエを始めたのは、バレエが好きな母に、「愛美《えみ》もやってみる？」と言われたことがきっかけでしたが、あまり好きではありませんでした。レッスン中に逃げ出したこともありました。

幼稚園までは恥ずかしがり屋でしたが、小学校に入ってからは学級委員に立候補するほど、積極的になっていました。ピアノは幼稚園までは母が先生でしたが、小学校一年のとき、「やるならきちんとやらせたい」という母の意向で、母の先生のところまで習いに行きました。母は大阪音楽大学出身です。

バスでＪＲの岸辺駅まで行き、そこから新大阪まで行き、新幹線で相生まで通いました。

相生駅に着くと祖父が迎えに来ていて、一泊してレッスンを受け、また大阪に帰るという生活でした。

バレエを習い始めてしばらくすると、ベランダで洗濯物を干す母からこんな言葉をかけられました。

「愛美も真剣にバレエをやったらどう」

当時、森下洋子さんが、小学校のときから一人で東京に出て、バレエに打ち込んでいたことを聞いていたので、私は衝撃を受けました。というのも、「バレエを真剣にやる」ということは、私も家を出なければならないと思ったからです。両親と離れてバレエをするなんて考えられないと思いました。

当時のマンションは狭かったものの、ピアノは二台ありました。グランドピアノが置いてある部屋は、改造して防音工事が施されていました。もう一台のアップライトピアノは子ども部屋にありました。レコードが壁一面を埋め尽くし、父のオーディオアンプや楽譜が、所狭しと並べられていました。

私は三姉妹の長女でしたが、ピアノは三人とも習っていました。小学校の頃からショパンの『幻想即興曲』を弾いていました。両親も真剣で、ピアノの先生としての母はとても厳しかったのを覚

小学五年生で初めて『海賊』のパ・ド・ドゥを踊る

えています。

桐朋学園の分校が大阪にできたので、小学三年生のときに子どものための特別クラスに入りました。

バレエの教室も大阪でしたが、京都のチャイコフスキー記念京都バレエ団附属バレエ教室（現チャイコフスキー記念京都・舞音バレエ）に桂まで週二回通った時期もありました。

トゥシューズを初めて履いたのは五歳か六歳のときです。日本ではトゥシューズを履くのが早すぎます。足が大きくなる前に履くと、外反母趾になりやすいのです。ロシアやドイツの国立バレエ学校では、十歳になってからです。

両親は私に最大限の教育を受けさせて、そのうえで進むべき道は自分で決めればいいと思っていたようです。

バレエへの道

学校ではファミコンブームでしたが、うちでは買ってもらえませんでした。テレビも見せてもらえませんでした。友だちと遊ぶ時間もほとんどありませんし、臨海学校にも行けませんでした。

学校から帰るとすぐに一時間半から二時間ほどピアノの練習です。京都のバレエ教室に行くときは軽くご飯を食べて、電車の中で宿題をしました。バレエが終わると家に帰って夜食を食べて、宿題の残りを終えて寝るという毎日でした。

すべてがバレエ優先でした。

三人姉妹

バレエの練習は週に五日、年に数回は発表会もありました。小学校三、四年の頃は、自宅近くの天満徳子バレエ教室でレッスンしながら、京都に通いました。
父はクラリネット奏者です。自宅マンションのリビングの柱に、父が取り外しのできるバーを付けてくれました。父は音楽家でしたが、大工仕事も得意でした。
母は毎日ピアノを練習していました。一度決めたら真剣に続ける姿勢は親譲りでしょうか、両親を見て毎日練習することの大切さを学びました。
父は音楽のために毎日筋肉トレーニングを欠かしませんでした。母は家族旅行に出かけたときでさえ、夜十一時までピアノの練習をしていました。

二人の妹とはとても仲がよく、妹が生まれるとき、病院の窓越しに病室を眺めながら、楽しみにしていたことを覚えています。三歳半年下の祐美とその下に二歳離れて真実。幼稚園に通っていた私は、母がピアノのレッスンで忙しいときは哺乳瓶を温めたりして、妹たちの面倒をみていました。

二人ともバレエとピアノを習うようになりましたが、三人の娘にバレエやピアノを習わせるのが大変であることは、よくわかっていました。そのため、後にボリショイバレエ学校を卒業したら両親から自立し、以後金銭的な助けは受けないと決めていました。

ロイヤル・バレエとの出会い

八歳のとき、ボリショイバレエ学校が来日し、それが私が記憶する初めて見たバレエの公演でした。その世界を垣間見て、私はバレエの虜になってしまいました。それから二年ほどたって、イギリスのロイヤル・バレエ団の来日公演で、子役を募集していました。条件は身長が百四十二センチということで、私も候補に選ばれました。そのとき審査に来たイギリス人の教師が、初めて間近に見た外国人の姿です。「きれいだな」と思うと同時に、何とも言えないオーラを感じました。

演目はチャイコフスキーの『眠れる森の美女』です。

ところが公演の日は、私のピアノの発表会と重なっていました。まだ十歳でしたが、小さいなりに私は選択しなければなりませんでした。両親がともに音楽家だったことから、「自分は音楽をやらなければならない」というプレッシャーを感じていました。

両親には言い出しにくかったのですが、自分が「バレエ公演に出たい」と伝えたとき、初めて「自分はバレリーナになりたいんだ」と自覚しました。

公演は大阪フェスティバルホールでした。初めてリハーサルに行ったときの感動をいまも忘れません。

ホールの客席と舞台の大きさに驚嘆しました。また廊下に掛けられたバレエの衣装を見て、なんて素晴らしくゴージャスな衣装なのかと驚きました。

廊下を歩いていると、トゥシューズをはいた外国のダンサーとすれ違います。「これがバレエという仕事なんだ」と感動しました。

本番はもっと素晴らしい世界でした。オーケストラが演奏を始めると、音楽が押し寄せる波のように襲ってきました。装置や衣装にも圧倒されました。

心からイギリス留学に憧れました。イギリスのロイヤル・バレエ学校で学びたいと思いました。そのために英会話を習い始めました。ピアノとバレエの合間を縫って、外国人教師について週一、二回、自宅で英語を勉強しました。

column

英国ロイヤル・バレエ団

イギリスには長く王立のバレエ団が存在しなかった。一九三一年にバレエ・リュスの流れを汲むアイルランドのバレリーナ、ニネット・ド・ヴァロアが始めたヴィック・ウェルズ・バレエ団（後にサドラー・ウェルズ・バレエ団）が始まりと言われている。

一九五六年にマーガレット王女を名誉総裁とする王立バレエ団となった。現在の名誉総裁はチャールズ皇太子である。

ロシアのマリインスキー・バレエ団、ボリショイ・バレエ団、フランスのパリ・オペラ座バレエ団、アメリカン・バレエシアター（ABT）とともに、五大バレエ団と称されることもあるが、私立のバレエ団として発足した経緯やシェークスピアを生んだイギリスの特徴を生かして、演劇性の高い作品を得意としている。

外国人の採用も多く、日本の熊川哲也、吉田都らも活躍し、現在は数人、日本人が所属する。日本との関係も深く、一九六一年の初来日以来、数年に一度来日公演を行っており、人気を博している。

ロシアバレエの衝撃

イギリス留学の夢はずっと持ち続けていました。ところが中学一年生を終えた一九九一年春、初めてロシアを訪れ、大きな衝撃を受けました。

大阪とサンクトペテルブルク（当時レニングラード）が姉妹都市だった関係もあり、バレエダンサーを目指す子どもたちが二週間ほどソ連（現ロシア）を訪問するプログラムがありました。全国から選ばれた三十人ほどの仲間たちとともに、私も参加することになったのです。

初めて行く外国であり、初めて乗る国際線でした。アエロフロート機にはまだ喫煙席があり、時折、機内にたばこの煙が漂っていました。

モスクワに到着すると、街は牢屋のように真っ暗でした。旧ソビエト連邦が崩壊する寸前で、暗いうえに緊張感が漂っていました。

真っ暗闇の中、モスクワ発の夜行列車「レッドアロー号」に乗せられ、どこに連れていかれるのかと不安になるほどでした。

それだけに翌朝、サンクトペテルブルクに着いて明るい街並みを見たとき、その美しさに衝撃を受けました。東京や大阪は、コンクリートの高層ビルが立ち並ぶ近代的な都市ですが、サンクトペテルブルクは二百年前の古い街並みが残っています。

金、銀、赤、緑、ピンク。色鮮やかな建物が街全体に宝石のように散りばめられています。

マリインスキー（当時キーロフ）劇場に足を踏み入れたとき、感激は極限に達しました。劇場は金色とエメラルド色の豪華な装飾が施され、見上げるとシャンデリアがきらきらと輝きを放っていました。

演目は『ジゼル』だったと記憶しています。ほかにもいくつか見たはずですが、忘れてしまいました。幕間には着飾った紳士淑女がグラスを傾け談笑していました。香水のエレガントな香りが漂っていました。

食べ物だけは私の口に合いませんでした。料理は脂っぽく、甘すぎて食べられませんでした。しかも私は炭酸水が飲めなかったのですが、紅茶にまで炭酸水が使われており、閉口しました。

でも、劇場全体に溢れる優雅な姿に私はすっかり魅了されてしまいました。私はこのとき、心に矢が刺さったような気持ちでロシアへの留学を決めました。バレリーナは芸術家です。芸術家としての感性を高めるには、こういうところで勉強するしかないと確信したのです。

column

マリインスキー・バレエ団

帝政ロシア時代の宮廷バレエを源流としており、世界のバレエ団のなかでも最高峰の一つと言われている。

帝政ロシアの首都ペテルブルクの由来は「聖ペテロの街」の意で、「ペテロ」と同名のピョートル大帝が湿地に石を積み上げて作ったと言い伝えられる。第一次世界大戦まではペテルブルク、その後ペトログラード、レニングラードと名前を変え、今日ではサンクトペテルブルクと呼ばれている。

ロシア帝国はフランスから積極的に文化を輸入、十八世紀にはペテルブルクに帝室バレエ学校が設立された。宮廷ではフランス語が話された。

その後宮廷バレエから劇場バレエへと変遷を重ね、十九世紀後半にはフランスの振付師マリウス・プティパの指導により、クラシックバレエの演目が多数誕生した。チャイコフスキーの三大バレエ、

『白鳥の湖』、『眠れる森の美女』、『くるみ割り人形』も、プティパとの協力により生まれた。

また二十世紀初頭、パリに進出して一世を風靡したバレエ・リュス（リュスはロシアの意）がマリインスキー・バレエ団員を中心として生まれ、近代バレエ確立の原動力となった。

一九一七年のロシア革命では多くのダンサーや振付家が海外に亡命、クラシックバレエのグローバル展開のきっかけとなった。

旧ソビエト連邦は首都をモスクワに定めて帝政ロシアの文化を否定、国策としてボリショイ・バレエを強化したことから、不遇の時代となった。ソビエト時代には名称も「ソビエト・バレエ」、「キーロフ・バレエ」などと呼ばれた。

旧ソビエト連邦の崩壊後、マリインスキー・バレエとして復活、現在、劇場の芸術総監督には指揮者として日本にもなじみの深いヴァレリー・ゲルギエフが就任している。

マリインスキー・バレエ団は、バレエの歴史に名を刻む多数のダンサーや振付師を輩出した。バレエ・リュスのヴァーツラフ・ニジンスキーやジョージ・バランシン、ボリショイ・バレエに移籍したガリーナ・ウラノワ、ロイヤル・バレエなどで活躍したルドルフ・ヌレエフ、アメリカに亡命し、アメリカン・バレエ・シアターで活躍したミハイル・バリシニコフやナタリア・マカロワ、イリーナ・コルパコワなど、枚挙にいとまがない。

勉強とバレエ

私が通っていた中学校は私立の女子校の梅花学園です。小さいときからずっとイギリスに留学したいと思っていたので、英文科のある学校を希望していました。中学でも英文科が一クラスあったので、私はそこに通っていました。勉強とバレエは両立していました。中学一年の終わりにサンクトペテルブルクで衝撃を受けて以来、ロシアに留学することを決めていました。

中学三年生になったとき、梅花高校への進学を辞退しました。高校から留学するつもりだったからです。しかしロシア情勢に詳しい方から、「いまのロシアは民主化の流れで何が起きるかわからない。ロシアに行けない場合を考えて、高校には入っておきなさい」と言われ、公立高校を受験することに決めました。

受験勉強はまったくしていませんでしたが、自宅から一番近い公立高校を受験し、合格しました。女子校とは違い、共学で新鮮でした。

一学期の終わりに、「進学希望」を書かなければならなかったのですが、すでにロシアへ行くことを決めていました。そして一学期の終わりに休学届を出し、ロシアへの留学を実現したのです。

実は十三歳でロシアに行ったとき、すでにワガノワ・バレエ学校から入学許可をもらっていました。また一九九二年に短期留学したときに、ボリショイバレエ学校からも長期の留学許可をもらいました。当時バレエでロシアに留学する人はほとんどいませんでした。留学にはオーディションがあり、体格や関節がチェックされます。

本当はワガノワ・バレエ学校に行くことを希望していたのですが、当時ワガノワは十八歳以下の入学が困難だったことから、最終的にボリショイバレエ学校に留学することに決めました。留学の手続きなどは日ソ（現日露）親善協会の鈴木京子さんに助けてもらいました。旧ソビエト連邦は一九九一年十二月にすでに崩壊していました。時代はミハイル・ゴルバチョフの「ペレストロイカ」から、ボリス・エリツィンの「市場経済化」へと、政治・経済・社会が大きなうねりとなって変化を始めた時期でした。

ロシアへの留学は、人生最大の決断でした。

column

ソビエト連邦崩壊

一九一四年に始まった第一次世界大戦の最中、帝政ロシアではウラジーミル・レーニンらの指導により民衆が蜂起し、ロシア革命が勃発した。

一九一七年十一月の「十月革命」から内戦を経て、一九二二年にはソビエト連邦が成立した。

ソビエト連邦は第二次世界大戦で連合国側につき、ヒトラーが率いるナチスドイツと戦った。戦後はアメリカを中心とした西側陣営に対抗して東側陣営を構成、「冷戦」時代は一九八九年の「ベルリンの壁崩壊」まで続いた。

旧ソビエト連邦では「東欧革命」の影響から、各共和国で独立や権限の拡大を求める動きが強まり、労働者・市民は民主化を要求した。

一九九一年一月には独立を求めるバルト三国（リトアニア、ラトビア、エストニア）にソ連軍が介入、十三人の死者を出したことから、ゴルバチョフ政権の基盤は大きく揺らいだ。

さらに八月十九日には副大統領ゲンナジー・ヤナーエフを中心とした保守派がクーデタを起こし、ゴルバチョフを軟禁して政権奪取を狙った。しかし急進改革派のボリス・エリツィンは市民にゼネストを呼びかけ、多数の市民がロシア共和国最高会議ビル（通称ホワイトハウス）にバリケードを構築した。この動きを軍の一部が支持、諜報機関ＫＧＢもヤナーエフから出されたホワイトハウス奪還の指示に従わなかったことから、クーデタは失敗に終わった。

一九九一年十二月、ソビエト連邦を構成していた共和国は続々と独立を宣言、二十五日にはゴルバチョフ大統領が辞任してソビエト連邦は崩壊した。一九一七年の共産主義革命から七十四年目、ソビエト連邦共和国の成立から六十九年目のことだった。

第二章　激動のソ連、バレエの伝統と出会い

ボリショイへの旅立ち

十六歳の夏、私はロシアに旅立ちました。家族と離れ、たった一人の旅立ちでした。両親と離れての一人暮らしは、想像を絶するほど大変でした。しかもロシアの政情は不安定でした。

モスクワに着いて、ボリショイバレエ学校の寮に入ったのは、一九九三年八月のことです。寮の食堂が開いておらず、初日から食事も摂れませんでした。食べ物を買いに外に出ても、言葉がわからず、「お腹が……」と言っても、お腹が痛いのかと思われる始末です。頼りは六カ国語会話の本だけです。店に品物は並んでいましたが、買い方がわかりません。品物の数を言って、申込書をもらって、レジでお金を払って、ようやく品物が受け取れるのです。お腹を満たすために、パンを買ってしのぎました。寮はお湯も出ないし、料理もできず、洗濯は手洗いです。パスポートは住民登録のため学校に預けたままとなりました。悪戦苦闘の毎日でした。

毎週、家族に手紙を書きましたが、届くのに二カ月はかかりました。インターネットも携帯もない時代です。母からの電話を寮母が取り次いでくれたときだけが、家族と話ができる時間です。次の電話の日時を決めて、私はじっとその時間を待ちます。一週間に一度、数分だけ母の声を聞くことができました。

column

ボリショイ劇場

ボリショイ劇場の「ボリショイ」とはロシア語で「大きい」ことを意味する。モスクワにあるボリショイ劇場はサンクトペテルブルクのマリインスキー劇場とともに、ロシアを代表する劇場である。

創立は十八世紀で、帝室バレエとして設立されたマリインスキー劇場と違い、民間の劇場として設立されたことから、帝政ロシア時代はマリインスキー劇場の後塵を拝した。

ロシア革命後、首都がペテルブルクからモスクワに遷都されたことに伴い、マリインスキー劇場のダンサーや振付家が大挙して移籍となり、一躍、旧ソ連で最も重要な劇場となった。第二次世界大戦後、マリインスキー劇場から移籍したガリーナ・ウラノワらの活躍により、国際的な名声を博した。

レパートリーはチャイコフスキーやハチャトリアンの作品が中心だったが、旧ソ連崩壊の後は、西ヨーロッパ諸国の作品を上演するようになった。

バレエの歴史に名前を刻んだダンサーとしては、ガリーナ・ウラノワのほか、二十世紀最高のバレリーナと評されるマイヤ・プリセツカヤ、エカテリーナ・マクシーモワ、ウラジーミル・ワシーリエフらがいる。

モスクワ騒乱事件に遭遇

モスクワのマクドナルド一号店はプーシキン広場に面しており、一九九〇年に開店しました。開店当初から毎日、長い列ができました。

忘れもしない十月三日、どんなに並んでもハンバーガーを食べたいと思い立ち、地下鉄に乗って買いに行きました。マクドナルドのハンバーガーは最高のご馳走でした。するとマクドナルドに行く地下鉄の入口が鎖で封鎖されていたのです。

ふとアルバーツカヤ通りの先に目を向けると、戦車が連なっていました。本物の戦車を見たのは初めてのことです。「なんだろう、戦争か？」と思って、学校に引き返したところ、「ホワイトハウス」と呼ばれる「ロシア最高会議ビル」が砲撃され、炎上したとのことでした。

寮に戻ってもテレビはないし、何が起きているのかわかりませんでした。パスポートは預けたままなので、出国することもできないなと思いました。「帰れないかもしれない」と半分覚悟を決めました。ペレストロイカで開きかけていた「鉄のカーテン」が再び閉ざされると、両親とも会えなくなるかもしれないと真剣に思いました。

それから約二カ月は軟禁生活を余儀なくされました。子どもには外出禁止令が出されたと聞きました。電話もつながらず、手紙を出しに行くこともできなくなりました。両親にとっても、私が生きているかどうか、確認するすべがありませんでした。

学校の中での生活は楽ではありません。食べ物はないし、あっても同じものばかりです。以前は赤カブ（ビーツ）と肉やソーセージはありましたが、モスクワ騒乱の後は、パンとジャガイモ、それに茹でたマカロニに塩と油をかけたものくらいしかなくなりました。

冬が近づくと寮の寒さは耐えがたく、夜は寒さで寝られません。ありとあらゆる衣類を着込んだ上に、ダウンジャケットを着ても眠れませんでした。ロシア人の同級生がどこからか調達してきたアルコールを飲んでみましたが、それでも寒くて眠れませんでした。

風呂やお湯の出るシャワーはありません。日本から持ってきた電気湯沸かし器でお湯を沸かして、行水するのが唯一の救いでした。

モスクワ騒乱は数日で収まりましたが、エリツィンが権力を握るとインフレが激しくなりました。酔っ払いが増え、マフィアが跋扈し、本当に数百ドルで人を殺す世界になりました。殺されてもニュースにさえなりません。スキンヘッドのような男たちに囲まれ、殴られて、身ぐるみはがされる事件がよく起きました。

column

モスクワ騒乱事件

一九九一年八月の保守派によるクーデタ以降、権力を握ったエリツィンは急進的な改革を進めた。一九九三年になるとエリツィンの急進的改革についていけなくなった最高会議議長のルスラン・ハズプラートフは、ロシアの新憲法制定をめぐって、反旗を翻した。九月にはテレビでボリス・エリツィンを「どん百姓」とののしり、対立は決定的となる。

十月三日、ハズプラートフは最高会議の緊急会議を招集し、副大統領のアレクサンドル・ルツコイに全権を与えてロシア共和国最高会議ビル（ホワイトハウス）に立てこもった。

エリツィンは軍にホワイトハウスの奪還を命じ、ハズプラートフ、ルツコイら代議員は拘束されて終結した。衝突で二百人近い死者が出た。この事件は「十月政変」、「モスクワ騒乱事件」と呼ばれている。

混乱のモスクワと寮生活

混乱のなか、生き抜くことは大変です。いまは本当に生きていてよかったと思います。そんななかでもバレエの公演に行くことだけはやめませんでした。銃声が響くなか、駅に着くまで「撃たれませんように」と祈るような気持ちで、公演に通いました。

狙われないようにするために、できるだけ汚い恰好をして、ぼろぼろのコートを外側に羽織って、マフラーと帽子で顔を隠しながら駅に向かいましたが、それでもガス銃を撃たれたことがありました。襲われそうになったことも何度かあります。

モスクワ時代の帰国中

学校から駅までは約七分、地下鉄に乗って四駅でボリショイ劇場に着きます。ダンチェンコ劇場へ行くにはもっと歩かなければなりません。私は命がけで公演に通いました。

生活は本当に苦しく、インフレが拍車をかけました。それまで買い物はカペイカ（百分の一ルーブル）でできましたが、それが一ルーブル、三ルーブルとお札の単位が大きくなり、百ルーブル札ができたときには本当に驚きました。最後は十万ルーブル札ができ、ゼロが多すぎて計算できなくなりました。

パンを買うのに一時間並ぶのは普通です。きのう百五十ルーブルだったパンが、今日は倍に値上がりしているかもしれないので、大量にお札を持っていかなければなりませんでした。地下鉄の乗車賃は三年間で何百倍に値上がりしました。

インフレのあとは通貨改革です。「ゼロを三つ取る」という政策により、それまでのお札が使えなくなり、十万ルーブル札が千ルーブル札に戻りました。大変な経済的混乱のなかで、生活せざるを得ませんでした。

治安の悪化も激しくなりました。警察とマフィアがグルの時代ですから、殺人事件が起きてもニュースにはなりません。自分の身は自分で守る以外にありませんでした。三年間の寮生活と一年間のアパート生活で、毎日のように公演に通いましたが、よく生きていたなと思います。

column

ダンチェンコ劇場

正式名称はスタニスラフ&ネミロヴィチ・ダンチェンコ記念モスクワ音楽劇場。モスクワ中心部のプーシキン駅から歩いて十分ほどの便利な場所にある。針山愛美が後に初めてプロとしての活動を始めたバレエ団である。

ボリショイ劇場より規模は小さく、内装もシンプルだが、ボリショイ劇場に次いで人気が高く、チケットは手頃な価格だ。

数年前に改装工事が行われ、ロビーやホワイエにホールのような空間が作られ、魅力的な社交場ともなっている。

ロシア語教師との出会い

ロシア語の勉強は必須でした。まだ冷戦の名残が残っていて、英語を話すことがタブーでした。パンを買うにもロシア語をしゃべるしかなく、生活の中で自然に覚えていきました。

そんななか、ロシア語の先生だったアッラ・ニコラエーブナは、私をとても可愛がってくれました。日曜日に自宅に呼んでくれて、温かいシャワーを浴びさせてもらいました。寮のシャワーは冷たい水しか出ないので、熱いシャワーを浴びると生き返るような心地でした。

また、「学校の食事だけだと偏るから」と言って、肉の入ったおいしいボルシチをご馳走になりました。体だけでなく心まで温まる思いでした。

数年後モスクワを訪れたときには、バレエのチケットを買って待っていてくれ、家にまで泊めてくれました。まるで母と子のように、朝から晩まで、思い出話が途切れることはありませんでした。私にとってロシアの母でしたが、数年前に他界されました。

ロシア語を勉強したことは、私にとってはかりしれない財産となりました。というのも世界の著名なバレエカンパニーには、必ずといっていいほどロシア人のダンサーや監督がいます。ロシア語を覚えたことで、自分の言葉で交流できるようになり、私のネットワークは大きく広がったと感じます。日本人のコミュニティとは、ほとんどお付き合いがありませんでした。

仕送りはなかったので、初めの一年は持っていったお小遣いだけで暮らしました。両親が払ってくれた学費には食費が含まれていて、寮の食事は無料でした。マクドナルドのハンバーガーなどは自分で買いました。

バレエの公演はほとんど無料です。当時学生は無料で見られました。

私は絵も好きでした。フリーマーケットが立つアルバート通りで、小遣いで何点か絵を買いました。寄せ木細工のような民芸品も買いました。

たった一人で迎えたモスクワでの初めてのお正月には、ナスを一本買いました。日本円で四百円ほどです。当時、日本円の四百円は、確かロシア人の月給の二十分の一くらいに相当しました。湯沸かし器でコトコト煮て食べようと思いましたが、うまく煮えませんでした。

普通の店でも卵がない時代でしたが、一月一日の寮の朝食は目玉焼きでした。お正月にはおせち料理と家族が恋しくなり、日本に帰りたくなってしまいました。

次の年、ロシアの教育方針で、私ももっと痩せなければならなくなりました。またレッスンが厳しく、自分を追い込んだせいか、頭に丸い禿ができてしまいました。バレエ学校の方から、「一度、日本に戻ってはどうか」と言われ、泣きながら母に電話しました。

母には怒られるかと思っていましたが、「帰る家があるのだから帰っておいで」と優しく言われ、先のことは考えずに帰国しました。

日本に帰っても、しばらくは放心状態でしたが、一カ月もすると元気が出て、バレエのない生活はありえないと思うようになりました。一人で公民館を借りてレッスンを再開、その後再びボリショイバレエ学校に戻ったのです。

苦しい時代でしたが、いま振り返ると面白い時代でもあり、私のバレエ人生の基礎を築いてくれました。

素晴らしきバレエ公演

私の最も大きな財産は、留学時代に数えきれないほどのバレエ公演を観たことです。週に三回は通いました。

ボリショイ劇場やダンチェンコ劇場では、最上階はプロプスクと言って、学生は通行券を渡されるだけです。立ったまま見ることもできるし、空いている席には座っても構いません。

劇場の外は戦争状態で、お湯も食べ物もありませんでしたが、劇場の中では身も心も満たされました。

十三歳のとき、初めてサンクトペテルブルクの現マリインスキー劇場に足を踏み入れたときのことを思い出します。人間の豊かさとは何か、考えさせられました。

二十以上のレパートリーを何十回となく見ました。『白鳥の湖』、『ドン・キホーテ』、『ジゼル』、『ロメオとジュリエット』、『シンデレラ』、『ラ・シルフィード』、『愛の伝説』、『エスメラルダ』。ほかにもたくさんありました。

綺羅星のようなバレエダンサーの公演を何度も見ました。ウラジーミル・ワシーリエフ、エカテリーナ・マクシーモワらは伝説のバレエダンサーで、記念公演があるときは、まだボリショイ劇場で踊っていましたが、マクシーモワは他界されました。

後にボリショイ劇場バレエ団の芸術監督になったセルゲイ・フィーリンも現役で踊っていました。

ワシーリエフとペルミ審査員のときに

フィーリンは芸術監督時代の二〇一三年に襲撃され、塩酸をかけられて大やけどを負いました。

フィーリンの芸術監督代行となったガリーナ・ステパネンコも現役でバリバリに踊っていました。ワガノワ・バレエ学校の校長に就任したニコライ・ツィスカリーゼも現役でした。

バレエの公演に通っていても、バレエだけを見ていたわけではありません。劇場の雰囲気、観客の立ち居振る舞い、オーケストラ、舞台装置、衣装など、すべてに神経を集中させました。

バレエは総合芸術です。テクニックだけでは成り立ちません。例えばポール・ド・ブラ（port de bras：腕の運び）という腕の動きがありますが、腕の動かし方や上半身の使い方、顔の動きや間の取り方を、一センチ単位で教えることよりも、自分の内面から生まれてくる表現があるのです。美術館に行ったり、街中を散歩したりしながら、自然に湧き出てくるのです。

私はオペラや音楽も大好きです。公演を見るときも全体の雰囲気に気を配っています。公演を見ることによって、自分の表現の厚みも増えていくのです。

column

綺羅星のバレエダンサー

ウラジーミル・ワシーリエフは一九四〇年生まれで、ボリショイ・バレエ団で活躍、後に芸術総監督になった。抜群のテクニックとエネルギッシュな演劇的才能で、観客を魅了した。バレエ学校時代からエカテリーナ・マクシーモワとペアを組んだ。

エカテリーナ・マクシーモワは一九三九年生まれで、可憐な容姿と高度な技巧で人気を博した。退団した後も、バレエ・ミストレスとして後進の育成に尽くした。二〇〇九年に急逝した。

セルゲイ・フィーリンは一九七〇年生まれ、ダンチェンコ劇場を経てボリショイ・バレエ団に入団した。豪快な跳躍や連続回転で観客を圧倒した。ダンチェンコ劇場の芸術監督を務めた後、二〇一一年に芸術監督に就任したが、強い酸をかけられて大やけどを負った。

ガリーナ・ステパネンコは一九六六年生まれで、ダンチェンコ劇場を経てボリショイ・バレエ団に入団した。二〇一三年に引退を発表するまで、プリマバレリーナとして活躍した。負傷した芸術監督のフィーリンの代行を務めることになった。女性がボリショイ・バレエ団のトップに就任するのは初めてのことである。

ニコライ・ツィスカリーゼは一九七三年生まれ、ボリショイ・バレエ団のトップダンサーとなった。

ボリショイバレエ学校

ボリショイバレエ学校に入学するには身体的な条件があります。まず股関節、背中の曲がり方、足の甲やひざの形、それに骨格や体格をチェックされます。時にはおばあさんの代まで遡ってチェックされます。

バレエに向いているのは足の甲が伸びていて、脚は真っすぐで、付け根の部分が、アン・デオール（en dehors：外向き）と言うのですが、開いていることが大切です。つまり内またではダメです。日本舞踊とは正反対です。私も立つといわゆるガニ股になってしまいます。

また筋肉が柔らかく、手足のバランスが取れていて、体全体のバランスが取れていることが必要です。

もう一つは音感です。やはり音楽がわからなければ踊れません。

ボリショイだけでなく、ヨーロッパのバレエ学校でも、第一次審査から第三次審査まであり、細かい点までチェックされます。

心臓が強いことも大切で、あとは努力と度胸です。日本人は私も含めて、コンプレックスの多い人種のような気がします。欧米人は手足が長く、顔が小さく、体型も日本人とは違うなと感じがちです。

私もコンプレックスがありましたが、悩んでいる時間すらなく、開き直りました。骨の形は変えられませんが、テクニックは努力とトレーニングで身に付きますし、日本人にしかない魅力でカバーできたらと思いました。

ロシアでは大体十歳くらいからバレエ学校に入ります。卒業は十八歳で八年間の教育です。私はすでに十六歳でしたので、六年生に編入しました。

一年から五年生まではクラスが三つありました。十人くらいの女子のクラスが三つ、数人の男子のクラスが三つです。

ここから選考が厳しくなり、五年生から六年生になるときに二クラスになり、一学年男女それぞれ二十人くらいになります。途中で退学になったり、留年したりで減っていくのです。厳しい競争社会です。

column

ワガノワ・メソッド

アグリッピナ・ワガノワは一八七九年にサンクトペテルブルクに生まれた。帝室バレエ学校（現ワガノワ・バレエ学校）で学び、現在のマリインスキー・バレエ団に入団した。バリエーションの女王と言われたが、舞台には恵まれなかったという。

引退後は母校のバレエ学校で教えたが、その経験をもとに、「クラシックバレエの基礎」を出版、バレエ教育の技法を伝える「ワガノワ・メソッド」として古典となった。

体全体のバランスを考慮し、パ（pas：ステップ）とパをつなぐ技法を基礎とした。ガリーナ・ウラノワ、イリーナ・コルパコワら、バレエの歴史に名を残す多数のダンサーを育てた。一九五一年に死去。一九五七年から旧帝室バレエ学校はワガノワ・バレエ学校と呼ばれるようになった。

ロシアからの強制退去事件

私の人生の中で、「度胸」を与えてくれた事件があります。十七歳のときでした。自分の不注意からロシアのビザを失ってしまったのです。トランジットを「出国」とみなされてしまい、隣国のフィンランドに強制退去となりました。ロシア以外の国を訪れるのは初めてのことです。しかもわずか五百ドルしか持っていませんでした。

ヘルシンキの空港についたとき、言葉も、書いてあることもまったくわかりませんでした。冬の寒い日でした。なすすべもなくバス停のようなところで、私は涙を流しながら雪の中に突っ立っていました。フィンランドでビザが取れないと、日本に帰らなければならないのですが、五百ドルではそれもかないません。

通りがかりの人が、「どうしたの？」と声をかけてくれました。私は英語でロシアのビザを取らなければならない事情を説明しました。するとその方の奥さんがロシア人で、しかもロシア領事館に知り合いがいるというのです。その日は家に泊めてくださり、次の日に領事館に連れて行ってくれました。遠くアジアから来た見ず知らずの女の子を自宅に泊めてくれ、しかも領事館にまで連れて行ってくれたことに、本当に人間の心の温かさに触れた思いです。

幸い一日でビザを取ることができ、無事モスクワに戻ることができました。いまでも助けてくれた方との交流は続いています。私にとっては大きな事件でした。この事件をきっかけに、一人で旅することを覚えました。旅することは間違いなく人生を豊かにしてくれます。世界を見ること、人と出会うことは、生きる喜びそのものです。

その後ヨーロッパを中心に、オーディションやコンクールに出るようになるのですが、このときの経験が役立ったことは間違いありません。

卒業証書がほしい！

ボリショイバレエ学校での最終学年は、本当に厳しい一年でした。私は学校を「修了」するのではなく、「卒業」したかったのです。

入学してすぐ副校長に話をしに行きました。どうしたら「留学」の「修了書」ではなく、ロシア人と同じ「卒業証書」がもらえるか…、と。

副校長によるとバレエだけでなく、一般科目すべての単位を取り、試験に合格すれば卒業証書を与えるとのことでした。

一般科目の授業はもちろんロシア語です。日本語でも理解が難しい「音楽理論」や「美術」などを、ロシア語の教材で学ばなければなりませんでした。初めは何のことかさっぱりわかりませんでしたが、とりあえず黒板の文字をすべて書き写し、バレエのレッスンが終わってから、夜、辞書で意味を調べて勉強を続けました。

公演を見に行くことは一番の楽しみだったので、授業が終わり、一般科目を勉強してから、劇場に通うという日々が続きました。何と幸せな毎日だったことでしょう。

バレエのレッスンは午前九時に始まります。朝、まだ体が眠っている時間から冬の寒いなか、レッスンに向かうには本当に体力が必要でした。長い冬の間はバーを持つのも恐怖でした。何しろ冬はマイナス二十度になることもざらです。

卒業の年になると、レッスンは教室だけでなく、学校内の劇場でも行われます。劇場でのレッスンはさらに恐怖でした。というのも広すぎて暖房がまったく効かず、バーは氷の棒のようでした。

卒業前になると先生の指導も格段に厳しくなります。バレエ、パ・ド・ドゥ（pas de deux：デュエット）、キャラクター、演技（アクティング）すべての卒業試験が劇場で行われます。卒業試験は国家試験で、政府要人、バレエ団のディレクターも見に来ます。ディレクターは若いダンサーのスカウトを兼ねて見に来ます。

先生も生徒も全力投球です。試験の三カ月前からは練習一色です。クラシックを含め、すべての科目で振付が決められ、それを繰り返し練習する日々が続きます。

クラシックではバー・レッスンから始まり、センター（フロア）、ポアント（point：トゥ立ち）まで、一時間ぶっ通しで練習します。先生が注意したり、振付の指示をする時間がないほどハードでした。クラスメートのなかには体調を崩して入院したり、心を病む子も出るほどです。教室は毎日重苦しい雰囲気でした。

卒業論文も書かなければなりません。私はロシアの作家プーシキンについて、九ページほどの論文を書きました。ロシア語の先生であるアッラ・ニコラエーブナの助けがなければ到底、完成できませんでした。

憧れのボリショイ劇場で卒業公演

ついに卒業試験本番の日がやってきました。学校中が応援してくれる雰囲気に包まれていました。学校では毎日食券をもらって食事をするのですが、試験の当日はいつもと違う色の食券が配られました。

食堂に行くと通常のメニューに加えて、ステーキやチョコレートが並んでいました。「今日は最も大切な日なんだ」という実感がわいてきました。クラスメートの両親も見に来ます。私の両親は来られませんでしたが、代わりに総領事夫人が来てくださいました。

静まり返った劇場で、卒業試験が始まりました。三年間学んだボリショイバレエ学校、仲間たちのこと、先生たちのこと、寒かったこと、寂しかったこと、さまざまな思いがこみ上げてきました。ホームシックになったり、挫折して一度は日本に帰ったりましたが、短いようで長い三年間でした。悔いはありませんでした。

ついにその日が来ました。この日のために三カ月間休まずに練習してきましたが、その一時間は無我夢中で、あっという間に終わりました。試験が終わるとクラスメートはみんな涙を流しながら抱き合いました。舞台の上で生徒たちはそれぞれ先生に花束を渡しました。素晴らしい光景でした。試験はその後も続きます。クラシックに続き、パ・ド・ドゥ、キャラクター・ダンス、アクト（演技）が連日行われます。

そして最終日。うれしさと寂しさが入り混じり、なんとも言えない気分でした。学校中がお祭り気分に包まれ、パーティが始まると口では表せないほどの達成感が襲ってきました。

バレエだけでなく、一般科目の試験にもすべて合格し、最高の成績で卒業することができました。

卒業公演はボリショイ劇場で行われます。私は初めて憧れのボリショイ劇場で踊りました。自分が踊っていることよりも、客席の豪華さに圧倒されました。いつもは客席から見ていましたが、今度は自分が舞台から客席を見ていることに、不思議な気持ちになりました。

ボリショイ劇場の舞台に立ってみて、私は心に決めました。海外で主役を踊れる日が来たら、必

ドロズドーワ先生、憧れのチェルノブロフキナと

ず両親を招待しようと。舞台にいる自分と観客が呼応することでバレエという芸術は成り立ちます。その観客の中に、感動を分かち合える家族がいたら、どんなに素晴らしいことでしょうか。こうして卒業公演は終わりました。

幸せなことに、私は当時モスクワにあった、ボリショイ・バレエ団以外のすべてのバレエ団から、入団のオファーをいただきました。私はダンチェンコ劇場バレエ団への入団を決めました。

ダンチェンコ劇場には留学中にずっと通い続けました。憧れのバレリーナのタチアナ・チェルノブロフキナがこのバレエ団にいたことや、名バレリーナで名教師となったマルガリータ・ドロズドーワが個人的な指導を承諾してくれたことから決めました。

入団交渉のときには、将来、パリ国際バレエコンクールに出場したい旨を伝えました。九月からプロとして活動することが決まりました。十九歳、一九九六年のことでした。

第三章　ヨーロッパ・バレエ武者修行

私の初舞台

ダンチェンコ劇場バレエ団での私の初舞台は突然やってきました。一九九六年六月、私はいつものようにダンチェンコ劇場に、『白鳥の湖』の舞台を見に行き、第二幕が終わった後の休憩時間に舞台裏をのぞきに行きました。

九月からの入団が決まっていたので気軽に入っていったのですが、舞台裏はなんだかあわただしい様子でした。

するとバレエマスターのミハイル・クラピービンから、「ちょうどよかった。こっちに来て」と呼ばれました。みるみるうちに衣装を着せられ、舞台に出ることになったのです。貴婦人の役が手違いで一人足りなくなり、バレエマスターが途方に暮れていました。メイクアップの時間もなく、まるで着せ替え人形のように貴婦人の衣装を着せられました。

何をするのか、どう踊るのか、まったくわからない不安な私をよそに、ほかのダンサーはみんな余裕の顔で、「とにかくみんなの真似をしろ」とだけ言われたのです。

「何をしたらいいのか教えてほしい」と聞いても、だれも相手にしてくれませんでした。

十分後、私の出番が訪れました。だれも知らない初舞台となりました。

九月になり、私は正式にダンチェンコ劇場バレエ団に入団しました。新人は振付を見て覚えるしかありません。バレエ団では常にけがや病人で欠員ができます。新人は飛び入りで舞台に立つので、どんな役でもどんな場所でも踊れるように、準備しておかなければなりません。

私の正式な初舞台は、『白鳥の湖』でした。百三十名のバレエカンパニーともなると、先輩ダンサーは二幕が終わるころには帰りたくなります。ですから二幕と四幕で入れ替わり、新人は夜十一時ごろから始まる第四幕に立てるチャンスが来ます。

朝からレッスンして十二時間後に舞台に立つのです。それでも舞台に立つことは喜びでした。

入団して一カ月、私はパリの国際コンクールに出場することを決めました。バレエ団には事前に申し出ていたので、許可してくれました。

コール・ド・バレエ（corps de ballet：群舞）にとどまっていたのでは、実力がつかないと思ったからです。舞台に立って一人で踊りたいという気持ちもありました。

バレエ団には練習用の教室が二つありましたが、その一つを使わせてもらい、マルガリータ・ドロズドーワ先生につきっきりで指導していただきました。少々図々しいお願いでしたが、先生は真剣に指導してくださいました。本当に恵まれた環境にありました。

いざ、パリ国際バレエコンクールへ

ドロズドーワ先生からは、「次にコンクールに出るときは、三カ月前から準備をしないといけません。今回は準備不足なので、行くか行かないかは自分で決めなさい」と言われました。私は「何事も経験が大事」と思い、コーチなしでパリに乗り込むことに決めました。十一月、お年玉を貯めたへそくりで航空券を買い、モスクワからパリに乗り込みました。

パリの空港についてみると、ロシアしか知らない私には、すべてが明るく輝いていました。見るものすべてが新鮮で、思わず観光気分に浸ってしまいました。

ホテルも予約せずに飛び出してきたので、まずは宿探しです。初日は疲労も溜まっていたので、ダウンタウンの比較的値段の高いホテルに決め、翌日からは予算を切り詰めるために、安いホテルに移りました。ピガールという歓楽街で、気がつくと同性愛者や売春婦の多いところでした。

コンクールのオリエンテーションに行ってみると、審査員の紹介がありました。そこには二十世紀最高のバレリーナと謳われたマイヤ・プリセツカヤや最年少でアメリカン・バレエ・シアター（ABT）のプリンシパル（最高位舞踊手）になったフェルナンド・ブフォネスらの姿があり、すっかり感激してしまいました。ブフォネスは二〇〇五年にがんで他界しました。

第一次予選は非公開で行われました。私は『眠れる森の美女』の「オーロラ姫」のバリエーションを踊りました。自分でもできがよかったのか悪かったのかわかりませんでした。

発表は夜中でしたので、私は会場の階段で眠るように結果を待っていましたが、幸いセミファイナルに残ることができました。セミファイナルは課題曲の中から選ばなければなりません。私は『チャイコフスキー・パ・ド・ドゥ』（ジョージ・バランシン振付）を選びました。

セミファイナル以降は公開で行われ、観客席にはパリ・オペラ座のダンサーだったマニュエル・ルグリや、同じくオペラ座で活躍したモニク・ルディエールの姿も見えました。

私の前に踊ったのはフランス人で、ひときわ大きな拍手に包まれました。私の番が来ました。ドキドキしていましたが、踊り始めると何が起こったかわからないまま、終わってしまいました。

パリ国際バレエコンクールで踊る

発表はまたしても夜中です。「もうここまで来たので、どんな結果でも後悔しない」と心に決めました。

合格者が張り出され、恐る恐る見てみると「emi」の名前がありました。信じられないことに、決勝に残れたのです。

決勝はシャンゼリゼ劇場でした。課題は『海賊』のバリエーションで、自分でも不思議なくらいのびのびと踊ることができました。すべてを出し切って、すがすがしい気持ちで発表を待つ間、後にアメリカン・バレエ・シアター（ABT）のスターダンサーとなるミシェル・ワイルズとシャンゼリゼ通りを散歩しました。歩きながら考えました。「このままではダメだ。ロシアに留まるよりも、西ヨーロッパに出るべきではないか」と。

結果の発表を見るために、シャンゼリゼ劇場に戻りましたが、待てど暮らせど、だれも姿を現しません。午前〇時、一時、二時と時間が過ぎていきます。

column

ルグリとルディエール

一九六四年フランス・パリ生まれのマニュエル・ルグリは、十六歳でパリ・オペラ座に入団、以後パリ・オペラ座のエトワールを二十三年間務めた。ルグリの持ち味は完ぺきなテクニックと豊かな表現力、それに高い音楽性だ。二〇一〇年からウィーン国立歌劇場バレエ団の芸術監督を務めている。

モニク・ルディエールは一九五六年パリの南ショワジー・ル・ロワに生まれ、パリ・オペラ座バレエ学校で学んだ。一九七二年にオペラ座バレエ団に入団、豊かな抒情性で一九八〇年代から九〇年代のパリ・オペラ座を代表するバレリーナとして活躍した。

金なしの銀メダル

劇場の椅子に腰かけ、ほとんど眠りかかったとき、突然まわりが騒々しくなりました。どうやら発表のようです。すべてフランス語なので、何が起きているのかまったくわかりません。一瞬静まり返ったとき、「emi hariyama」と確かに聞こえ、拍手が沸き起こりましたが、まだ何が起きているかわかりませんでした。名前を呼ばれた人は翌日のミーティングに来なさいと言われて、初めて自分が金メダルなしの銀メダルをもらったことを知りました。すでに明け方になっていました。翌日にはガラがあります。リハーサルのスケジュールを渡され、私は夢見心地でホテルに戻りました。

翌朝、公衆電話から日本にいる両親とドロズドーワ先生に電話して、受賞を伝えました。母は私の言葉が信じられなかったようです。銀メダル受賞に驚いていましたが、私も実感がないため、会話にならないほどでした。ドロズドーワ先生も、初めは普通に聞いていたのですが、私の言っていることを理解すると、電話の向こうで絶叫しているのが聞こえました。

ガラでは生オーケストラで『海賊』を踊りました。銀メダルをいただけたことよりも、パリの舞台で踊れたことが、とても嬉しく感じられました。たった数分の舞台でしたが、合わせて四回踊ることができました。お世話になった方々への感謝の気持ちで胸がいっぱいになりました。

ガラが終わると、フランス大統領公邸で表彰式が行われました。日本好きで知られるシラク大統領の夫人からメダルを授与されました。大統領公邸のセキュリティは厳しく、公邸の中は贅の極みを尽くしていました。あまりの豪華さに開いた口がふさがりませんでした。

パーティで生まれて初めてフォアグラを食べていたところに、なんとマイヤ・プリセツカヤが話しかけて来たのです。夢なのか、現実なのかわからないほどでした。

プリセツカヤの言葉はいまでもはっきりと覚えています。

「バレリーナは踊らなくてはだめです。どんな舞台でもいいから、とにかく経験を積むことが大切です」

私はいまでもこの言葉を心に刻んでいます。

パリ国際バレエコンクールでは賞金をいただきました。当時、ダンチェンコ劇場での給料は約八千円です。二万円の家賃が払えなかったこともありました。ですから二十万円の賞金にはびっくりしました。初めて自分のためにコートを一着買いました。

コンクールの合間をぬって、パリ観光を楽しみました。東京でも行ったことがないディズニーランドにも行ってみました。ルーブル美術館やヴェルサイユ宮殿の素晴らしさは言葉では言い尽くせません。このとき私は「ロシアを出よう」と決心しました。

「このままロシアにいるよりも、西ヨーロッパに出てもっと世界を見てみたい。飛び出そう！」

パリ国際バレエコンクールのポスターの前で

パリでのコンクールの後、ドイツのドレスデン国立歌劇場バレエ団のディレクターが、「私のバレエ団に来ないか」と声をかけてくれました。

「ヨーロッパで踊れるかもしれない」

モスクワにいたときには思いもよらなかった意欲が湧いてきました。

column

パリ国際バレエコンクール

パリ国際バレエコンクールはユネスコの後援のもと、一九八四年にパリ市が創設した。当時のパリ市長は後に大統領となるジャック・シラクである。

二年に一度開かれ、世界のバレエ五大コンクールの一つと言われたが、現在は廃止されている。

プロのコンクールとしてだけでなく、若手の登竜門としても知られ、グランプリのほか、若手に光を当てた特別賞が用意されていた。

ヨーロッパで武者修行

パリ国際バレエコンクールの後、いったんモスクワに戻り、しばらくはダンチェンコ・バレエ団で過ごしていましたが、翌一九九七年一月、ヨーロッパに行く決心をしました。

ダンチェンコ・バレエ団には三日間の休暇を申請しました。と言っても行くあてはありません。コンクールで知り合ったベルリン在住のダンサーを頼って、ベルリン行きの片道切符を買い、ショルダーバッグ一つで出かけました。

ヨーロッパ各地でオーディションを受けるつもりでしたが、簡単に考えすぎていたようです。当時ベルリンには三つのバレエ団がありました。ベルリン国立歌劇場バレエ団、ドイッチェ・オパー・バレエ団、コーミッシュ・オーパー・バレエ団の三つです。後に三つは統合されました。オーディションを受けるには、あらかじめアポイントを取っておかなければならなかったのですが、私は何の連絡もしないままドイツに来てしまいました。

案の定、どのバレエ団からもオーディションを断られてしまいました。「これはまずいことになった」と思いましたが、現地のダンス誌でドイツのバレエ団を調べ上げ、何カ所かに電話で連絡を取りました。

とりあえずパリで声をかけられたドレスデン国立歌劇場バレエ団に行ってみることにしました。地図を片手に電車に乗り、無事たどり着きました。

カンパニー・クラスを受けた後、リハーサルのためゲスト教師で来ていたノエラ・ポントワもいる前でバリエーションを踊ることになりました。さすがにコンクールと同じくらい緊張しました。

翌日、ミュンヘンでオーディションがあると聞いたので、夜行列車でドレスデンからミュンヘンに向かいました。

ようやくバレエ団を探し当てたのですが、オーディションの雰囲気はありません。子ども連れの親子ばかりが集まっていたので、「おかしいな」と思っていたところ、バレエ団のオーディションではなく、「バレエ学校」のオーディションだったのです。

「何をしにミュンヘンに来たのか」と途方にくれました。オーディションを受けられるようバレエ団と直接交渉しましたが、取り合ってくれませんでした。

嘆いている時間はありません。私は直感でエッセンに行ってみようと決めました。無事連絡が取れ、クラスを受けられることを確認してミュンヘンからエッセンに向け出発しました。

早速オーディションを受け、運よくその日のうちに契約していただけるという返事をもらえました。エッセンの劇場の建物はモダンすぎて少しがっかりしましたが、最初に受けたドレスデンから、翌月のオープンオーディションまで契約を待ってほしいと言われたことから、気持ちはエッセンに傾いていきました。

ダンチェンコ・バレエ団を長期に留守をするわけにいかず、まずはモスクワに戻ることにしました。しかし片道切符で来ていたので、帰りのチケットを買わなければなりません。どこから帰るかもわからず、翌日のモスクワ行きのチケットの値段を聞くと、何十万円もしたので諦めました。英国航空は安いと聞いたので、オランダからバスで、そのままフェリーでドーバー海峡を渡ってロンドンまで行き、無事三週間後にモスクワに戻ることができました。三日間の休暇しか申請していなかったので、団長からひどく怒られましたが、幸いクビになることはありませんでした。

モスクワの生活に終止符

モスクワでのバレエ生活にも何か物足りなさを感じ始めていました。それでも一人で根気よく、バリエーションなどを練習していました。

パリ国際バレエコンクールの翌年、モスクワ国際バレエコンクールがありました。迷った末に願書を提出しましたが、ダンチェンコ劇場での仕事もあり、出場を諦めるつもりでした。ダンチェンコのソリスト三人がバレエ団代表で参加することになっていて、私が出場を言い出せなかった事情もあります。

コンクールの前日、せっかくモスクワにいるのに、この機会を逃すのはもったいないと気を取り直し、出場を決めました。

ボリショイバレエ学校を卒業した翌年だっただけに、先生方や関係者が大勢見に来られ、しっかり踊らなければ恥ずかしいという思いがありました。

ドロズドーワ先生にも相談せずに決めたので、予選を通過した後、私の出場を知った先生が、あわてて練習を見てくれました。この年はアリーナ・コジョカル、マリア・アレクサンドロワ、ニコライ・ツィスカリーゼらが出場した年でした。

ダンチェンコでの本番をこなしながら、コンクールにも出場しました。ラッキーだったのは予選、準決勝を通過してから、劇場で練習できたことです。夜の真っ暗な劇場で、一人練習をするのは大変怖く、『オペラ座の怪人』を思い起こさせました。

決戦はオーケストラでしたが、思わぬアクシデントに見舞われました。私が踊るはずだった『パキータ』の楽譜が、見つからないというのです。どうやら公演ツアーで必要なため、船便でどこかに送ってしまっていたようです。

モスクワ国際バレエコンクールで踊る

本番の前日にバリエーションを変更せざるを得なくなりました。別の『パキータ』のバリエーションを覚え、ぶっつけ本番で踊りました。

コンクールでは六つのクラシック・バリエーションとコンテンポラリーバレエ作品を踊らなければならず、かなりの体力と気力が必要です。幸運なことに「魅力的芸術賞」という特別賞をいただくことができ、先生方も喜んでくださいました。このときの金メダルはニコライ・ツィスカリーゼとマリア・アレクサンドロワ、銀メダルはアリーナ・コジョカルでした。

モスクワ国際バレエコンクールが私の四年間のモスクワ生活の集大成となりました。このコンクールを最後に、私はエッセンに旅立つために、日本に戻りました。

column

モスクワ国際バレエコンクールとスターたち

モスクワ国際バレエコンクールは一九六九年に始まり、四年に一度開かれている。バレエ大国ロシアの威信を賭け、ロシア文化省の後援のもと、国家的行事となっている。

近年日本からの参加者も多く、二〇一七年には大川航矢がシニア部門で金賞、千野円句《まるく》がジュニア部門で金賞を受賞した。

アリーナ・コジョカルは一九八一年ルーマニア出身のバレリーナで、旧ソ連・ウクライナ共和国のキエフ・バレエ学校で学んだ。キエフ・バレエ団でプリンシパルとなった後、英国ロイヤル・バレエ団に入団、一年五カ月でプリンシパルに駆け上り、以後十二年間務めた。

マリア・アレクサンドロワはボリショイバレエ学校を卒業後、ボリショイ・バレエ団に入団、当時の大スターだったウヴァーロフ、ツィスカリーゼ、フィーリンらとパートナーを組んだ。二〇〇四年にプリンシパルに昇格、ボリショイ・バレエ団のプリマバレリーナとして活躍した。二〇一七年に退団を発表した。

ニコライ・ツィスカリーゼは一九七三年、旧ソ連・グルジア共和国のトビリシに生まれた。ボリショイバレエ学校で学んだ後、ボリショイ・バレエ団に入団した。一九九五年にプリンシパルに昇格、柔軟な身体と存在感でボリショイ・バレエのスターとなった。

鉄鋼の町、エッセンでの生活

エッセン・バレエ団との契約はすでに決まっていましたが、ドイツのビザがなかなか降りず、三カ月ほど日本でパン屋のアルバイトをしながらビザを待ちました。一九九七年十一月、ようやくエッセンに旅立つことができました。エッセンではすでにシーズンが始まっていました。

初めての西ヨーロッパでは、アパート探しから電気、ガス、水道、銀行口座の開設まで、すべて自分で手配しなければなりませんでした。劇場側は一切助けてくれません。

エッセンはルール工業地帯のど真ん中にあり、鉄鋼と石炭の町です。町のイメージは灰色で、仕事にも慣れず、ちょっぴりホームシックにかかりました。

そんなとき、ラリッサ・ドブラジャン先生が助けてくれました。ドブラジャン先生は元ボリショイバレエ学校の先生で、私の隣のクラスを担当していました。突然ドイツに旅立たれたのですが、エッセンでバレエ・ミストレスをされていたのです。うれしい再会でした。

そんな彼女もシーズン途中の一月に、ベルリン国立バレエ学校の教師として引き抜かれ、引っ越していきました。

ドイツをはじめヨーロッパは土曜日の午後と日曜日は、すべて店が閉まってしまいます。一人暮らしでは何をしていいかわからなくなってしまいます。

そんなとき、ライン下りをしたり、オランダの町を訪ねたりすると、心が和むだけでなく、ヨーロッパ文化の奥深さを知ることができます。

オーディションでヨーロッパを駆け巡る

エッセンを生活の拠点としながら、次のシーズンには移籍したいと思い始め、ヨーロッパ中のオーディションを受けるつもりで駆け巡りました。

モナコのオーディションに行くときのことでした。二十時間かけて夜行列車でモナコまで行くつもりでしたが、列車事故で途中のマルセイユでの乗り継ぎに間に合わなくなってしまいました。間に合わないとモナコでのオーディションを受けられません。

車掌に事情を話すと、「国境を越えて、タクシーでスイス側の駅に行き、別の列車に乗りなさい」と言われました。

途中下車してタクシーを飛ばし、別の列車で無事モナコに着いたのですが、バレエ団に行く道を間違え、結局オーディションには間に合いませんでした。「バレエ団」と「バレエ学校」の場所を間違えてしまったのです。

途方に暮れていると、モナコ王立グレース・アカデミー校長のマリカ・ベゾブラーゾワが、「あなたは何か迷っているでしょう」と声をかけてくれたのです。私の思いを見透かしたように、「よかったらレッスンを受けていいですよ」と言われ、二カ月もお世話になりました。

後にシュトゥットガルト・バレエ団で世界的なダンサーとなるフリードマン・フォーゲルも同じ時期にここの生徒で、ともにレッスンしました。

このバレエ学校は「東洋の真珠」と謳われた日本のバレリーナ、森下洋子さんが訪れていたほか、ロシアから亡命したヌレエフとの共演で有名なイギリスの名花マーゴ・フォンテインが滞在した学校でもあります。

それにしてもオーディションで何度も通ったスイスアルプスの素晴らしいパノラマは、いまも脳裏に焼き付いています。氷河特急の車両には私一人しか客がいないこともありました。

ベルギーのブリュージュも印象に残っています。「屋根のない博物館」と言われるほど古い町並みは、まるで宝石箱のようでした。

ミュンヘンではお金がなく、ホテルに泊まることができずに、バーで夜を明かしたこともあります。

こうしてエッセンを拠点に、公演を観に行ったり、クラスを受けさせてもらったバレエ団は数知れません。

夜行列車で二十時間かけてオーディションを受けに行き、また夜行列車で戻ってくることもまったく平気でした。三日連続で、夜行列車で移動しても何の苦にもなりませんでした。

こうした経験は自分の糧になっています。自分の目で見て、自分の肌で感じて、バレエ団の雰囲気や傾向を知ることも大切です。

私はライプツィヒ・バレエ団への移籍をほぼ決めていました。いまは亡きウヴェ・ショルツ芸術監督がオーディションをしてくれて、私も大変気に入ったからです。

五月にエッセン・バレエ団を辞めることを決め、ディレクターに申し出ました。ダンサーとしての人生は短く、次にやりたい仕事が見つかると時間を無駄にしたくないとの思いがありました。

同時に私はアメリカのジャクソン国際バレエコンクールに出る準備を始めていました。ベルリンにいたラリッサ・ドブラジャンにコーチをお願いし、ベルリン国立バレエ学校の空いている時間に見ていただきました。ドブラジャン先生は私を子どものように可愛がってくださり、二週間ほど家にも泊めてくれました。

column

バレエ巨匠の時代

一九三八年旧ソ連生まれのルドルフ・ヌレエフの家系は、タタール系と言われ、幼少の頃から民族舞踊に興味を示した。十七歳でワガノワ・バレエ学校に入学、本格的にバレエを学んだ。

その後キーロフ・バレエ団に入団、ニジンスキーの再来と言われたが、気性が激しく、反抗的だったことから、当局から警戒された。

一九六一年、公演の途中に西側に亡命、英国ロイヤル・バレエ、ウィーン国立歌劇場バレエなどで活躍した。とくにロイヤル・バレエではマーゴ・フォンテインとペアを組み、理想的なパートナーシップと謳われた。一九八〇年代にはパリ・オペラ座バレエの芸術監督に就任、多くの若手ダンサーを見出した。一九九三年、エイズで五十四歳の生涯を閉じた。

マーゴ・フォンテインは一九一九年生まれのイギリスのバレエダンサーで、黒い髪と黒い瞳のエキゾチックな容貌で世界を魅了した。ソ連から亡命したヌレエフとパートナーを組み、ロイヤル・バレエで活躍した。晩年はパナマの外交官だった夫が狙撃され、介護のためにパナマにわたり、一九九一年にパナマで死去した。

森下洋子は日本人として初めて国際的に活躍したバレリーナだ。一九四八年、広島生まれ。一九七四年、ヴァルナ国際バレエコンクールで金賞を受賞、「東洋の真珠」とまで謳われた。世界のステージでプリマとして活躍、一九九七年には女性として最年少で文化功労者に選出された。

現在も松山バレエ団の団長として日本に本拠地を定め、現役で活躍している。

森下洋子は一九七七年、ヌレエフ、マーゴ・フォンテインとも知り合った。同年森下はヌレエフにパートナーとして抜擢され、エリザベス女王戴冠二十五周年記念公演で踊った。

第四章　いざアメリカへ

コンクールは出会いのチャンス

ジャクソン国際バレエコンクールは、アメリカ南部の都市ジャクソンで四年に一度開かれる国際コンクールです。ジュニアとシニア部門で金、銀、銅メダルが与えられ、バレエのオリンピックという感じです。

コンクール準備のために、初めて自ら創作も行いました。当時のオープンリール・テープに音楽を録音したり、衣装を考案したり、振付を考えたり、すべてが初めての体験でした。自分としてはまったくの駄作に終わりましたが、創造することは本当に楽しく勉強になりました。

ジャクソン国際バレエコンクールは組織がしっかりしていて、初めてのアメリカでしたが、空港には迎えの方が来てくれました。コンクールの出場者にはそれぞれホストファミリーが付きます。

予選はバリエーション二曲、セミファイナルはコンテンポラリーのみでした。親に負担をかけず、自分の小遣いで参加したためコーチをつけず、コンテンポラリーは自作自演で、音楽は父が演奏したクラリネット曲を使いました。

決勝戦は別のクラシック二曲と別のコンテンポラリーでした。コンクールはアットホームな雰囲気で、終わるころにはみんなが友だちになっていました。

自作のコンテンポラリーで決勝まで行けるとは思っていませんでしたので、逆にリラックスして踊ることができました。

踊り終わって衣装をまとめて楽屋から出ると、一人の男性に声をかけられました。それがバレエ・インターナショナル団長のエリダール・アリーエフでした。彼は私に名刺を渡し、翌日ホテルで会いたいと伝えてきました。

約束通りホテルで待っているとアリーエフが現れました。彼は私を自分のカンパニーのプリンシパルとして招きたいとオファーしてきたのです。予想だにしていませんでした。次のシーズンが迫っていることから、一刻も早く返事がほしいとのことでしたが、どうしてよいかわからず、少し待ってもらうよう頼みました。

ジャクソン国際バレエコンクールで踊る

ヨーロッパに残るか、アメリカに渡るか、究極の選択でした。コンクールが終わった後のパーティで、審査員だったタチアナ・テレホワやブルース・マークスに相談したり、自分でも考えましたがなかなか答えが出ません。

バレエ・インターナショナルが私にとって魅力的なのは、あこがれのイリーナ・コルパコワの指導を受けられることでした。

コルパコワはキーロフ・バレエだけでなく、世界のプリマドンナとして知られ、私にとってはビデオの世界でしか見たことがない幻のバレリーナでした。コルパコワとリハーサルができると考えただけで、心はアメリカへと傾きました。

まず契約したばかりのライプツィヒ・バレエ団の芸術監督ウヴェ・ショルツに電話して、「アメリカに行きたい」と話したところ、「あなたの人生だから」と快く認めてくれました。ライプツィヒ・バレエ団との契約は、ペナルティなしで破棄してくれることになりましたが、そのやり取りが、二〇〇四年十一月二十一日に亡くなったウヴェ・ショルツとの最後の会話となりました。

二日後、私はアリーエフ団長に正式にアメリカに行く決心を伝えました。

こうしてモスクワからヨーロッパを経て、アメリカに行くことになりました。コンクールの後ドイツに戻り、すべての荷物を引き上げて日本に一時帰国しました。そしてビザが出るのを待って、新天地アメリカへと旅立ったのです。

column

アメリカとバレエ

ジャクソン国際バレエコンクールは、アメリカミシシッピ州のジャクソンで四年に一度行われる国際コンクールで、モスクワ、ヴァルナのコンクールと合わせて三大バレエ国際コンクールと称されている。

バレエ・インターナショナルはすでに閉鎖されたが、エリダール・アリーエフはウラジオストク・バレエ団の芸術監督としてたびたび来日している。

イリーナ・コルパコワは一九三三年ソ連レニングラード生まれ。レニングラード舞踊（現ワガノワ・バレエ）学校で、「ワガノワ・メソッド」のアグリッピナ・ワガノワに師事、キーロフ・バレエ団に入団後はソ連を代表するバレリーナとして活躍した。一九八七年に現役を引退した後、一九八九年にバリシニコフに招かれ、アメリカン・バレエ・シアターのバレエ・ミストレスに就任した。針山愛美のアメリカの母ともいえる。

カンパニーでの楽しい日々

バレエ・インターナショナルの本拠地はアメリカ中西部インディアナ州の州都インディアナポリスです。アパートもすぐ決まり、順調な滑り出しでした。

ロシア語圏からドイツ語圏、そして英語圏にやってきました。アリーエフ団長、コルパコワ先生のほか、数人のロシア人団員がいたことから、言葉には不自由しませんでした。

インディアナポリスは車がないと移動ができません。私は運転免許を持っていませんでしたが、いつも仲間が送ってくれたり、買い物に付き合ってくれました。

バレエ・インターナショナルでの初舞台は『パキータ』の主役でした。『パキータ』は一八四六年にフランスで作られた全二幕三場のバレエ。作曲はE・テルヴェスで、プティパ版の音楽はレオン・ミンクスです。

ナポレオン占領下のスペインで、ジプシーの娘パキータがフランス軍の将校を暗殺から救う物語で、エトワールは主役のパキータがソロで踊ります。

パキータを踊ったことはありませんでしたし、パ・ド・ドゥを踊るのもボリショイバレエ学校の卒業試験以来、初めてのことでした。

憧れのコルパコワ先生に初めてバリエーションを見ていただいたときのことは、いまでもはっきり覚えています。たった三分のバリエーションのために、連日一時間以上かけて指導してくれました。私も必死でした。初演の前日はとても緊張しました。

初演の日、舞台に出るとあっという間でした。自分の力を出し切ることだけを考えて、初舞台を終えました。

イリーナ・コルパコワと

バレエ団ではたくさんの著名な先生に教えていただきました。コルパコワ先生やアリーエフ団長はもちろんのこと、ヴァルナのコンクールでウラジーミル・マラーホフのパートナーを務めたタチアナ・パリイ、ボリショイ・バレエ団のプリンシパルのアレクサンドル・ベトロフなど、夢のような方々に教えていただく機会があり、本当に幸せでした。ベトロフとは舞台で一緒に踊りました。

コルパコワ先生は、「このようにするのよ」と自分で踊ってくださるのですが、その美しさにいつも見とれてしまいました。

彼女が見せる一瞬のポーズ、手先から目線に至るまで、まるで絵の中から飛び出してきたような美しさで、彼女の魂がそのまま踊りで表現されているようでした。

彼女の指導は厳しさの中にも愛情が感じられ、決して怒ることはありませんでした。

初めてのツアーにも参加しました。『くるみ割り人形』や『千一夜物語』の演目でアメリカ国内をツアーで回り、旅行も楽しむことができました。シーズンの最後には初めて両親が見に来てくれました。

ところでアメリカでは、攫われそうになった経験があります。新たなバレエ団を探してアトランタからグレイハウンドでサウスカロライナに三十六時間かけて出かけたときのことでした。サウスカロライナに着いて、安いホテルを探すためタクシーに乗ったところ、あからさまに森の中に連れていかれました。運転手は女性でしたが、態度はがらりと変わりました。身ぐるみはがされそうになったので、車から飛び降りようかと思いました。

森に入るとバックミラーで私と目が合いました。車が止まったので、私の両親の話をしたところ、「あなたの両親のことを思うとできなくなった」と言って、町に引き返し始めました。最後はホテルまで連れて行ってくれました。助かったのは奇跡だったと思います。

オーディションツアーに再び出発

バレエ・インターナショナルでの一年は、楽しく過ごしました。とくにコルパコワ先生の指導は、私にとってかけがえのない糧となりました。

しかし考えた末に、再びオーディションツアーに出かけようと決めました。ちょうど夏の休暇に入る時期だったことから、電話での問い合わせに応じてくれたバレエ団はわずかでした。

クリーブランド・サンノゼ・バレエ団（旧）が、次のシーズンに『白鳥の湖』全幕を上演すると知り、バレエ団に電話してみました。『白鳥の湖』を踊ることは私の夢だったからです。

このバレエ団を率いるのはデニス・ナハットですが、私はジャクソン国際バレエコンクールで一度、彼のクラスを受けていました。

ナハットの返事はプライベートでオーディションをしてくれるとのことでしたので、ニューヨークにいた私はすぐさま夜行バスでクリーブランドに向かいました。

プライベートでのクラスの後、彼とデュエットを踊りました。ソリストしか空きはありませんでしたが、契約をもらうことができました。悩んだ末にクリーブランドに移籍することに決めました。

この夏は日本でゆっくり休暇を取るつもりでしたが、日本に戻ったところで突然電話があり、シーズン開始の二週間前に戻ってきてほしいとのことでした。クリーブランド郊外で行われるガラで、パ・ド・ドゥを踊ってほしいとのことでしたので、私は即座にビザを取ってクリーブランドに飛び立ちました。

クリーブランドは初めての町でしたが、慣れる間もなく、一週間の練習の後に本番を迎えました。

『白鳥の湖』の黒鳥のパ・ド・ドゥを二日間にわたって踊りました。黒鳥を自分が踊るとは夢にも思っていませんでしたので、嬉しさと同時に練習不足で不安でもありました。

これがクリーブランドでのデビューとなり、後に『白鳥の湖』全幕を踊らせてもらうきっかけとなったのです。

本シーズンは『真夏の夜の夢』でオープンしました。この作品はシェークスピアの原作、メンデルスゾーンの劇付随音楽に振付をしたもので、『結婚行進曲』が有名です。

またチャイコフスキー三大バレエのひとつ、『くるみ割り人形』の全幕をオーケストラで踊れることはとても幸せでした。

クリーブランド・サンノゼ・バレエ団は五十五人のダンサーを抱えるアメリカでは大きなバレエ団の一つです。アメリカ東部のクリーブランドと西海岸のサンノゼの二カ所で同じ演目を上演する、面白いバレエ団です。

リハーサルはすべてクリーブランドで行い、その後サンノゼで一週間、クリーブランドで二週間の割合で公演を行います。

シーズンの終わりは『白鳥の湖』です。私はオデットとオディールを練習することになりました。

クリーブランドで一番悩んだのは、すべてを教えてくれる先生がいないことでした。ロシアと違い、アメリカは褒める文化です。本当にこれでよいのかどうか、自分でもわからなくなりました。

私はコルパコワ先生に電話して練習を見ていただけるように、お願いしました。運よく彼女はアメリカン・バレエ・シアターで、『白鳥の湖』を指導していました。

ニューヨークで見たコルパコワのリハーサルは実に見事で、さまざまなことを学ぶことができました。

クリーブランドでオデットを踊る

いよいよ本番が近づきました。『白鳥の湖』はダブルキャストです。舞台リハーサルの日、初日に主役を踊るはずだったダンサーが足を痛めて出られなくなってしまいました。

客席でリハーサルを見ていた私は団長に呼ばれ、昼のオーケストラ・リハーサルと夜の通しリハーサルを二回とも踊るよう指示されました。一日に二回も『白鳥の湖』全幕を踊るのは初めての経験でした。もう二度とこんなことはないと思っていましたが、その後、ドネツク・バレエ団のフランス公演でも一日に二回全幕を踊ることになったのです。

私はどうしても両親に見せたいと思い、航空券を送って仕事のあった父も無理やりサンノゼに呼びました。主役のオデットを踊れるかどうかわからなかったので、何を踊るかは内緒にしていました。『白鳥の湖』を踊るのは私の長年の夢でした。両親に見てもらえるのは大きな喜びでした。

本番の朝、両親にチケットを渡し、「見に来てね」とだけ言って、楽屋に入りました。普段あまり緊張しない私も、この日だけは胸の高鳴りを抑えることができませんでした。

両親は客席に着いてプログラムを見てびっくりです。私が全幕を踊り終えたとき、両親は涙を流して喜んでくれました。

こうして『白鳥の湖』全幕を五回ほど踊って、シーズンを終えました。シーズンの途中には、ソリストからプリンシパルに格上げしてくれました。忘れがたいシーズンとなりました。

『クリーブランド・ユダヤニュース』の表紙を飾る

シーズンが終わったとき、ダンサーの一人にニューヨーク国際バレエコンクールに出ないかと誘われました。このコンクールはカップルでしか参加できず、しかも曲目は現地で発表され、全出場者が三週間合宿し、同じパ・ド・ドゥを学び、同じテンポの曲で踊るという、きわめて公平でユニークなコンクールでした。

その年は白のチュチュとピンクのシフォン、グレーの全身タイツを持ってくるようにという指示だけが出されました。

予選は『チャイコフスキー・パ・ド・ドゥ』、準決勝はアメリカを代表する振付家アルビン・エイリーの『The River』、決勝は『眠れる森の美女』でした。

コンクールではさまざまな出会いがありました。なにしろ三週間も同じところに泊まるのですから……。

最初の二週間は一緒のリハーサルです。『チャイコフスキー・パ・ド・ドゥ』は、作品を管理するジョージ・バランシン・トラストから先生が派遣されてきました。アルビン・エイリーの『The River』は、カンパニー（アルビン・エイリー・アメリカン・ダンス・シアター）で踊っている現役ダンサーが直接指導してくれました。

しかも三週間のニューヨーク滞在中、毎日アメリカン・バレエ・シアターやミュージカルに通うことができました。

第三週目、いよいよ審査が始まりました。出場者はみんな仲良くなり、出番がない日は客席から声援を送りました。

予選は無事通過し、準決勝はアルビン・エイリーの作品と自由曲一作品でした。私は『海賊』のバリエーションを選びました。『海賊』はイギリスの詩人バイロンの原作にアドルフ・アダンが曲を書き、その後フランス・ロマン派の作曲家レオ・ドリーブらが数曲を書き加えてできました。

『海賊』を踊る前、私はなんとなく嫌な予感がしました。本番でそれが的中し、最後でミスをしてしまいました。

自分では諦めていましたが、次の日の発表を見ると、決勝進出が決まっていました。海外のコンクールのおおらかさを感じました。テクニカルな小さなミスで判断されなかったことは、ありがたく思いました。

決勝進出が決まったことに感謝する一方、ますます気を引き締めて頑張る意欲が湧きました。

決勝は『眠りの森の美女』の第三幕「オーロラ姫」の「グラン・パ・ド・ドゥ」でした。オーロラは以前踊ったこともあるので、のびのびと踊ることができました。

結果は金メダル受賞者なしの銅メダルでした。日本人初のメダルです。発表が銅メダルからだったので、私の名前が最初に呼ばれたときは、本当に信じられない気持ちでした。

ニューヨークにいたコルパコワ先生に電話をして、エキジビションを見に来ていただきました。同じくオーロラを踊ったのですが、決勝で踊ったときよりも、コルパコワ先生の前で踊るほうがはるかに緊張しました。

column

ニューヨークのバレエ団

アメリカン・バレエシアター（ＡＢＴ）とニューヨーク・シティ・バレエ団（ＮＹＣＢ）は、ともにアメリカを代表する最大かつ最高峰のバレエ団である。

ＡＢＴは一九三九年に結成され、メトロポリタン劇場を本拠地に、世界中でツアーを行っている。一九八〇年代にはミハイル・バリシニコフが芸術監督を務めた。バリシニコフは多数の古典バレエをレパートリーに加えた。二〇〇六年にはアメリカの「ナショナル・バレエカンパニー」と認定された。

一方、ＮＹＣＢはジョージ・バランシンを招聘して、一九三三年にアメリカン・バレエ学校を創設したのが始まりだ。本拠地をニューヨーク州立劇場に置く。バレエ団は解散と再建を繰り返したが、一九四八年にニューヨーク・シティ・センターの専属バレエ団として復興された。バランシンの指導により、多数の抽象バレエ作品をレパートリーに持つ。

ミハイル・バリシニコフは一九四八年に旧ソ連・ラトビア共和国の首都リガに生まれた。ワガノワ・バレエ学校で学んだあと、キーロフ・バレエ団に入団した。

一九七四年、カナダへのツアー中にアメリカに亡命、ABTにプリンシパルとして入団した。一九七八年にはNYCBに移籍したが、一九八〇年にはABTに復帰した。

ジョージ・バランシンは一九〇四年、ロシア・サンクトペテルブルクのグルジア人の家庭に生まれた。旧帝室バレエ学校を卒業した後マリインスキー劇場に出演するようになった。セルゲイ・ディアギレフに認められて、二十世紀初頭のヨーロッパを風靡したバレエ・リュスに加わった。一九三三年、バレエ団を設立するためにアメリカに渡り、アメリカン・バレエ学校を設立した。一九八三年に他界した。

バリシニコフとバランシンは、アメリカン・バレエの発展に大きく寄与した。

アルビン・エイリーは一九三一年にアメリカ・テキサス州で生まれた。ニューヨークでマーサ・グラハムらの薫陶を受けた後、一九五八年に黒人だけのアルビン・エイリー・アメリカン・ダンス・シアターを創設、アフロ・アメリカンの要素をふんだんに取り入れた創作活動や振付を行った。

エイリーは一九八九年に亡くなったが、エイリーのアメリカン・ダンス・シアターは現在も年間二百回以上の公演をこなすツアーカンパニーで、強靭な肉体、独特なリズム感、エネルギーに満ちた舞台で世界を魅了している。

クリーブランド・サンノゼ・バレエ団が閉鎖！

そんな夏を過ごした後、二〇〇〇年九月にはクリーブランド・サンノゼ・バレエ団（旧）の新シーズンが始まりました。新シーズンはルディ・バンダンティクの『四季』やローラン・プティの『カルメン』など、ネオクラシックの作品に取りかかっていました。

ルディはニューヨーク国際バレエコンクールの審査員でしたので、あっという間の再会となりました。

しかしこの頃からなんとなくカンパニーの様子がおかしくなってきました。財政難は前のシーズンからわかっていましたが、それが表面化して給料が支払われなくなったのです。

私たちダンサーはそれでもリハーサルを続けていました。一週間、二週間、三週間たっても給料は支払われませんでした。

毎朝ダンサーのミーティングが開かれました。このまま無給でもリハーサルを続けるか、それともストライキに打って出るか。リハーサルをボイコットすると、いざカンパニーがつぶれたときに、失業保険が支払われないことから、リハーサルを続けることになりました。

いよいよ無給のまま四週目に突入しました。スポンサーが気をつかって、ランチを差し入れてくれました。

ある日、いつものように朝のミーティングに行くと、バレエ団出資者のトップが来ていました。そして単刀直入に、「今日をもってバレエ団を閉鎖します」と告げたのです。何というあっけない幕切れでしょう。涙を流す暇も、言葉を発する機会もありませんでした。

閉鎖が決まると冷徹なものです。一時間以内に荷物をすべてまとめて立ち去るよう命じられました。ローカルテレビ局が取材に来て、バレエ団閉鎖は夜のニュースのネタにもなりました。

カンパニーに入って二年目、ようやく軌道に乗り始めていただけに残念でしたが、こんなことでくじけることはできないと思いました。

サンノゼへの大移動

バレエ団の倒産という思わぬ事態に、私も失業者になってしまいました。ビザはその日のうちに効力を失い、一カ月以内に新しい職を見つけるか、国外に出るしかありません。

すぐにいくつかのバレエカンパニーに連絡を取り、団員に空きがないか聞きましたが、シーズン途中ということもあり、ほとんどの返事が「ノー」でした。

しかし倒産した後すぐ、ディレクターのデニス・ナハットからダンサーに召集がかかり、新たなバレエ団を結成したいとの計画が示されました。新しいバレエ団はサンノゼを根拠地にして、最低三十一人が大移動に同意すれば成立するとのことでした。

数日後、ダンサーたちは契約書にサイン、サンノゼに集団移動することになりました。不安定でしたが、エキサイティングな日々でした。

クリーブランドからカリフォルニア州サンノゼまでの片道切符が渡されました。衣装やセットを含め、バレエ団の荷物とダンサーの荷物はトラック七十台で四日間かけて運びました。西部開拓時代の民族大移動といった感じです。

二カ月後、リハーサルが再開されました。再び舞台に立つことができたとき、本当にうれしく思いました。サンノゼはシリコンバレーに近く、ＩＴ景気の影響で家賃が異常に高く、アパートを探すのは容易ではありませんでした。

私はバレエ団が手配してくれた家庭にホームステイさせてもらいました。再起に向けてメンバーは希望に溢れていました。シーズンが始まり、ベートーベンの交響曲第七番と第九番「合唱」にデニスが振付をしたバレエを上演しましたが、毎日がスタンディング・オベーションの連続でした。

町全体で歓迎してくれていることがよくわかり、自分が興奮したことを覚えています。

苦渋の決断

半年がたち、サンノゼでのシーズンも終わりにさしかかったころ、バレエ団の倒産直後にオーディションを受けたボストン・バレエから連絡がありました。契約がもらえるという話です。その日はちょうどデニスから契約の話をされた翌日のことでした。

ボストンはアメリカ五大バレエの一つで、素敵な町も魅力でした。サンノゼでは経済的な不安はありましたが、デニスが家族同様に迎えてくれ、デニスについていきたい気持ちも捨てきれませんでした。私は答えを出せないまま日本に帰国しました。

一週間考えて私は新しい道に飛び込むことを決心しました。ボストン行きには不安もありました。契約のオファーをくれたメイナ・ギールグッドがディレクターへの就任を辞退したとのニュースが入ってきたからです。ギールグッドは私がボストンでレッスンを受けていたときにオーディションをしてくれました。

一方、コルパコワ先生の友人で私の大好きなバレリーナの一人、タチアナ・テレホワがボストンのバレエ・ミストレスでした。私は彼女たちから学ぶことが多いと思い決断しました。

デニスにボストン行きの話をしたとき、私は本当に大声で泣いてしまいました。自分が話をしている途中、ボストン行きをやめようかと思ったほどでした。

しかしデニスは、「やってみたらいい」と穏やかに言ってくれました。

「夢コンサート」が実現

二〇〇一年夏、私は八年ぶりに故郷の大阪府吹田市で帰国公演を行いました。家族五人そろって公演するのは私たち家族の夢でした。「夢コンサート」と題して芸術を愛する家族五人が、手作りでコンサートを計画したのです。

クラリネット奏者として誰よりも音楽を愛する父。一日たりともピアノの練習を欠かさない母。それに私と同じようにバレエや音楽の道を歩む妹たち。五人が揃って公演できる日を、ずっと夢見ていました。

オーケストラの手配は父が行い、私はダンスを担当しました。プログラムの作製から音楽や照明、舞台衣装まで、すべて手作りのイベントで、音楽とダンスのコラボレーションが実現しました。

「夢コンサート」はこの後二〇〇三年、二〇〇六年に大阪で、二〇〇九年は神奈川で開催したほか、二〇一七年には両親が移り住む静岡県伊東市で開催されました。

家族のこと

私のすぐ下の祐美は三歳年下です。現在、神奈川県川崎市でワイダンスカンパニーを主宰しています。一九八〇年生まれで、四歳でバレエを始め、十四歳のときにボリショイバレエ学校に短期留学しました。一九九四年冬のことで、寮では私と同じ部屋で、一緒に楽しく過ごしました。

祐美と過ごしていた一九九五年一月十七日、日本では阪神淡路大震災が発生しました。モスクワでは地震で三十六万人が死亡と伝えられたことから、両親も亡くなったのではないかと、二人でひどく心配しましたが、幸い大きな被害はありませんでした。

その後祐美は一九九八年の長野オリンピックでバレエを踊る機会がありました。そのときのリハーサルが劇団四季のスタジオで行われたことで、翌年オーディションを受けたところ無事合格、二〇〇〇年に劇団四季の研究生となり、卒業後は全国ツアーにも参加しました。また、私がジャクソン国際バレエコンクールにたった一人で出場したときには、祐美がコーチを引き受けてくれました。どれだけ心強かったことでしょう。

二〇〇三年には文化庁から新進芸術家海外研修員としてニューヨークに派遣され、二〇〇四年にはモダンダンスの殿堂、アルビン・エイリー・アメリカン・ダンス・シアターに在籍しました。祐美はクラシックからモダンダンスへとレパートリーを広げ、現在はバレエ講師やミュージカル女優としても活躍しています。

一方、一番下の妹、五歳下の真実《まみ》は現在、ニューヨーク在住です。十六歳のとき、インディアナポリスに短期留学し、バレエ・インターナショナルで研修しました。真実は子どもを教えるのが大好きで、二十代半ばでニューヨーク・マンハッタンに「ハリヤマ・バレエ」をオープンしました。とても音感に優れていて、ディズニーからの委嘱で、ディズニー音楽をバレエ風に編曲したレッスンのCDをリリースしました。バレエのレッスンの傍ら、ニューヨークでショーなどに出演しているほか、ABTやジャクソン国際バレエコンクールでもバレエピアニストとして活躍しています。

三人はみんなバレエと音楽の仕事をしていますが、特技はそれぞれ違います。祐美はプログラムを作るなど事務的な仕事も好きです。私はいつも外に出たり、プロデュースしたり、つねに動いていることが好きです。一番下の真実は根気強く教えるのが得意で、とても几帳面です。

父の針山憲夫は一九四七（昭和二十二）年、富山県で生まれました。父の明るく親しみやすい性格は一家の支えです。大阪音楽大学を卒業した後、大阪市音楽団に入りました。クラシックだけでなく、ジャズも勉強しました。ジャズクラリネットの名手北村英治さんとも共演しています。

そんな父は、胃潰瘍や脳梗塞で倒れたときも、クラリネットを吹きたい一心で、治療とリハビリに励みました。「クラリネットこそわが命」が父のモットーです。大工仕事や料理も得意で、いつも家族を和ませてくれます。

母の和子も大阪音楽大学出身です。毎朝ピアノを練習してから学校に行くほど、子どものころから練習熱心だったそうです。本番の舞台ではいつも緊張すると言っていますが、父のクラリネットとのデュオは、本当に呼吸のあった演奏です。芸術活動を続けながら三人の娘を育てるのは、並大抵のことではなかったと思います。

祐美はどちらかというと、父のいいところ、真実は母のいいところを受け継いでいます。私は毎日コツコツと練習する母の姿を見て、また、おおらかな性格でだれにでも話しかけ、どこでも演奏する父の姿にも触れ、二人の長所を受けつぎたいと思っています。

家族全員で、生演奏の音楽とバレエやダンスで、だれでも気軽に楽しめるイベントをやりたいという夢は、私たち音楽一家の願いでした。二〇〇一年の「夢コンサート」はそんな思いを形にしたのですが、大赤字でした。でも、「家族そろって世界旅行したと思ったら安いものよね」という両親の言葉が心に残っています。普段一緒に過ごすことのない家族が「夢コンサート」のときには集結します。「夢コンサート」は私たち家族のきずなの象徴なのです。

第五章　9・11とボストン・バレエ

いきなり見舞われた「9・11アメリカ同時多発テロ」

ボストンでの生活が始まりましたが、知り合いはなく、一からのスタートでした。アパートが見つかり、ほっとしたのもつかの間、「9・11アメリカ同時多発テロ」が起きたのです。

その日、レッスン中に召集がかかりました。スタッフによると、「テロかも知れない」ということで、自宅に戻るよう指示が出されました。

しかし交通機関はすでにマヒ状態で、友人の車を何人かでシェアして、とりあえず自宅に戻りました。自宅近くで水や食料品を買い込み、テレビにかじりついていました。

column

9・11アメリカ同時多発テロ事件

二〇〇一年九月十一日、アメリカで航空機による四件のテロ事件が発生、死者は三千人を超えた。マサチューセッツ州ボストンのローガン国際空港を午前八時前に飛び立ったロサンゼルス行きアメリカン航空一一便は、ハイジャック犯にコックピットを乗っ取られ、午前八時四十六分、ニューヨークのワールドトレードセンター北棟に突っ込んだ。

同じくローガン空港を飛び立ったロサンゼルス行きユナイテッド航空一七五便も乗っ取られ、午前九時三分にワールドトレードセンターの南棟に突入炎上した。

ワシントンDC発ロサンゼルス行きアメリカン航空七七便はバージニア州にあるアメリカ国防総省本庁舎に激突、ニューアーク空港発サンフランシスコ行きのユナイテッド航空九三便はペンシルバニア州ピッツバーグ郊外に墜落した。

航空機が突入したワールドトレードセンターは北棟、南棟ともに崩落・炎上し、二千六百人以上が犠牲となった。

当時のブッシュ大統領は非常事態を宣言、捜査の結果、一連のテロ事件が、サウジアラビア出身のオサマ・ビンラディンをリーダーとするテロ組織「アルカイーダ」によるものと断定した。

ビンラディンをかくまってとされるアフガニスタンの「ターリバン」に引き渡しを要求したが応じなかったことから、同年十月、「対テロ戦争」の一環としてアフガニスタンへの攻撃に踏み切った。

二〇一一年五月、ビンラディンは潜伏先のパキスタンで、アメリカ軍により殺害された。「9・11」以降、世界は「テロ」の時代に入ったと言える。

事態がテロとわかり、それからが大変でした。「バスの排気ガスに毒ガスが混入される」とか、「劇場やショッピングセンターが次の標的だ」といった噂が流れ、不安な日々が続きました。バレエの観客も大幅に減り、客席の半分も埋まらない日が続きました。そんなかでびくびくしながら踊り続けたのです。

テロの影響で美しいボストンの町も、一気に活気がなくなりました。市民の感情もとげとげしさが増してきました。私自身、人込みは避けるようになりました。

街中にアメリカの国旗が掲げられ、バレエの本番前には国歌斉唱が行われるなど、これまで体験したことのない雰囲気に変わってしまいました。

それでも十一月から十二月までの一カ月間に、『くるみ割り人形』を五十五回上演しました。週に十一回というハードな公演でしたが、徐々に観客が戻ってきました。

ボストン・バレエではタチアナ・テレホワとセルゲイ・ベレジノイという二人の素晴らしい教師に教わることができました。

テレホワとの出会いは一九九八年のジャクソン国際バレエコンクールに始まります。審査員をしていたテレホワが声をかけてくれました。ボストンで再会するとは思ってもいませんでした。

ベレジノイは昔コルパコワ先生とも踊っていた方で、不思議な縁を感じさせます。

column

テレホワとベレジノイ

タチアナ・テレホワは一九七〇年にレニングラードのワガノワ・バレエ学校を卒業、以後、二十年以上にわたってキーロフ・バレエで活躍した。レパートリーはクラシックから二十世紀の作品まで幅広く、テレビにも出演して人気を博した。一九九八年以降、ボストン・バレエやワガノワ・バレエ学校で教師としても活躍した。

セルゲイ・ベレジノイはウクライナ南部のオデッサに生まれ、キエフでバレエの勉強をした後、一九七〇年レニングラードのワガノワ・バレエ学校を卒業した。卒業と同時にキーロフ・バレエ団に入団、二十年以上にわたってクラシックバレエの主役を踊り続けた。二〇一一年、六十三歳で他界した。

ボストン・バレエの不安な日々

ボストン・バレエも困難な時期を迎えていました。私を採用してくれたメイナ・ギールグッドがディレクターへの就任を辞退した後の一年間、ディレクター不在のまま不安定な状態に陥りました。ダンサーもみな、だれについていってよいのかわからなくなってしまいました。

シーズン途中で、新しいディレクターにミッコ・ニッシネンの就任が決まりました。ニッシネンの就任で、ボストン・バレエは新しい出発となりました。二年目はまったく違った作品が取り入れられました。ロシアのクラシックバレエからバランシンやマーク・モリスなどネオクラシックバレエを含んだ作品などに変わりました。

ボストン時代、イリーナ・コルパコワ、ニーナ・アナニアシビリと

新しいバレエ・ミストレスにエヴァ・エフドキモワが就任しました。小さい頃に世界バレエフェスティバルで見て以来、大ファンになりましたが、ボストンで出会うとは信じられませんでした。

テレホワのレッスンはテクニックと強さが特徴です。

エフドキモワのレッスンは大変エレガントです。まったく対照的な二人の指導は、私のバレエに対する世界観を大きく広げてくれました。そんな頃、次女の祐美がアルビン・エイリーのカンパニーで研修するためニューヨークにやってきて、一番下の妹真実もニューヨークに来ました。こうして、姉妹三人がアメリカに揃いました。

私はたびたびニューヨークに出かけました。ニューヨークは活気のある街で、芸術の中心です。三人で過ごした週末は忘れられません。

column

ミッコ・ニッシネンとエヴァ・エフドキモワ

ミッコ・ニッシネンはフィンランド生まれで、十歳のときにフィンランド国立バレエ学校に入学、十五歳でフィンランド国立バレエ団に入団した。その後、オランダ、バーゼル、サンフランシスコなどのバレエ団で活躍した後、二〇〇一年にボストン・バレエの芸術監督に就任した。

エヴァ・エフドキモワは一九四八年、スイスでブルガリア人の父とアメリカ人の母の間に生まれた。ミュンヘンのバレエ学校で学んだあと、イギリスのロイヤル・バレエ・スクールに入学した。一九六六年、デンマーク王立バレエ団に入団、その後ベルリン・ドイツ・オペラバレエ団に移籍し、プリマバレリーナとなった。

さまざまな国でバレエ教育を受けたことから、ロイヤルスタイル、ワガノワ・メソッド、ブルノンヴィル・メソッドなどに通じ、現役を退いた後もボストン・バレエのバレエ・ミストレスを務めるなど、世界各地で後進の指導にあたった。

TBS『情熱大陸』に出演

二〇〇二年春、日本から思いがけない電話がありました。TBS系列で放送している『情熱大陸』の関係者からです。私は日本を離れて久しかったため、番組のことは知りませんでしたので、関係者からの電話にも「見たことがありません」と答えるしかありませんでした。

その方は私のスケジュールを聞いた後、「また連絡します」と言って電話を切りました。数日後、同じ方から「放映が決まりました」と再び電話がかかってきました。

二〇〇二年のシーズンも終わりにさしかかり、私はジャクソン国際バレエコンクールに出る準備に追われていました。レニングラード国立バレエでのゲスト出演も決まっていました。レニングラード国立バレエでは、キリル・ミャスニコフと『白鳥の湖』全幕を踊ることになっていました。初めての客演で、サンクトペテルブルクで踊るのも初めてです。

『情熱大陸』の撮影は、ボストン、サンクトペテルブルク、ジャクソンの三カ所で行われることになりました。

ボストンではバレエシーズンの本番をこなしながら、コンクールのリハーサルをテレホワに見ていただきました。

レニングラード国立バレエで踊る

レニングラード国立バレエで踊れることになったのは、まったく予期せぬことでした。日本で一緒に踊ったキリル・ミャスニコフが声をかけてくれ、ボヤルチコフ芸術監督に私が踊ったビデオなどの資料を届けたことに始まります。しばらくすると「招待する」との連絡があり、ボストン・バレエのシーズンオフにサンクトペテルブルクで踊ることになったのです。

サンクトペテルブルクの空港に降り立ったとき、信じられないような嬉しさとともに、緊張で胸が熱くなる思いでした。到着したものの、スーツケースが届かず、手ぶらで放り出されるというアクシデントに見舞われました。

次の日、さっそくレニングラード国立バレエでソコロフ先生のレッスンを受けました。リハーサルは夕方から夜にかけてでしたが、最初は斜面が急な床に慣れず、自分の体を思うようにコントロールすることができませんでした。バランス感覚がないのです。

傾斜はボリショイバレエ学校の床よりきつく、長い間アメリカの平面舞台に慣れていたので、感覚を取り戻すことができません。教室の割り当ては一日一時間だけ、一週間で振付を覚え、仕上げなければなりませんでした。

演目の『白鳥の湖』は何度も踊りましたが、第四幕はバレエ団によってまったく異なる構成ですので、融通をきかせなければなりません。またロシアというプライドの高い人々の中で、日本人のプリンシパルとして踊る責任の重大さを考えなくてはなりませんでした。

公演の三日ほど前に、『情熱大陸』のスタッフが到着しました。

一日一時間のリハーサルでは心配だったので、ワガノワ・バレエ学校のコワリョーワ先生にも見ていただくことにしました。バレエ団でのレッスンを終えた後、ワガノワ・バレエ学校に向かいました。十三歳のときに短期留学したときに受けた衝撃が、熱い思い出とともに蘇ってきました。『情熱大陸』のスタッフは、「懐かしい先生たちとの再会を撮影できればいいなあ」と言っていましたが、まさに廊下を歩いていると、私のクラスを受け持ってくれたマリーナ・ワシリエワ先生とばったり再会しました。

先生も私を覚えていてくださり、「エミ（emi）」と名前を呼んで手をぎゅっと握ってくれました。本当にうれしく思いました。ロシアの人々の心の温かさに感動しました。

ソコロフ先生は男性ですが、コワリョーワ先生は首や手の使い

街角での『情熱大陸』撮影風景

方など、女性的な表現について指導してくれました。

本番の数日前には、母と妹の真実が日本から駆け付けてくれました。六月のサンクトペテルブルクは最も美しい季節です。家族で並んで夜の大通りを散歩すると、心地よい風が私たちを包み込んで切れました。本番前のリハーサルでは、一度だけロットバルトやコール・ド・バレエの白鳥たちと合わせることができました。

column

レニングラード国立バレエ

旧ロシア帝国の首都、サンクトペテルブルクにミハイロフスキー劇場として創設され、一九三三年にはバレエ団が創設された。旧ソ連時代はマールイ劇場と呼ばれていたが、現在はミハイロフスキー劇場バレエと呼ばれている。日本ではレニングラード国立バレエとして公演を行っており、現代ロシア屈指のバレエ団となっている。

二〇一一年には、後にベルリン国立バレエ団の芸術監督になる振付家ナチョ・ドゥアトが芸術監督に就任した。現在はミハイル・メッセレル。

力を出し切って楽しむこと

一週間はあっという間に過ぎ、本番の日を迎えました。『情熱大陸』のスタッフは一人が舞台袖、もう一人は客席でカメラを構えました。舞台に出る瞬間も、あまりに平常心の自分に驚いたほどです。

舞台でのリハーサルがなかったので、本番中、こんなに足が取られるとは思っていませんでした。第二幕を踊るにつれ、だんだん足が重くなってきました。

「最後まで持つだろうか」

しかし、二幕を終えた後、足を軽くマッサージしてもらうと、不思議なことに楽になり、あとは百パーセント力を出し切って楽しもうという気持ちになりました。

舞台を終えると、コワリョーワ先生やグリバノーワ先生、それに家族もステージに上がって祝福してくれました。あっという間に終わってしまったので、自分が本当に踊ったのかどうか、実感が湧きません。このような形でロシアに戻ってくるとは思いもよりませんでした。

パートナーのキリルによると、私が踊り切れるか、拍手で迎えられるか、卒業試験より緊張したと言っていました。

本番の後、舞台上でボヤルチコフ芸術監督から、「次回も来て踊ってください」と嬉しいお誘いがありました。感謝の気持ちを胸に、無事、公演を終えました。

実は第四幕で生まれて初めて舞台で転んでしまったのですが、二〇〇二年六月に放送された『情熱大陸』を見て、「なぜ、この日に！」と笑ってしまいました。大舞台で転んでも平常心で踊れるなんて自分らしいと思いました。ステージの上で自分でもあきれながら、一層力が湧いてくる感じでした。

しかしこのミスがきっかけとなって、アメリカの化粧品ブランド、エスティ ローダーのディファイニング ビューティ アワードをいただくことになったのです。

ジャクソン国際バレエコンクール

レニングラード国立バレエでの『白鳥の湖』を踊り終えた翌日、ボストンに戻りました。数日後にはジャクソン国際バレエコンクールに出場する予定だったので、時差ボケなどと言っておられず、すぐにリハーサルに入りました。

ボストン・バレエでタチアナ・テレホワとセルゲイ・ベレジノイに指導してもらい、アーティストとしてとても勉強になりました。彼らはその後ロシアに戻り、マリンスキー劇場とワガノワ・バレエ学校の教師をしています。ベレジノイは後に他界されました。

テレホワはコルパコワとはまったく違うタイプのバレリーナでした。コルパコワは『眠れる森の美女』などのイメージが強く、テレホワは『ドン・キホーテ』のキトリや『白鳥の湖』の「黒鳥」という活発なイメージがあります。

そのイメージ通り、テレホワのリハーサルは私に強さを求めましたが、私は自分でも強さが足りないと感じていましたので、プッシュ中心の彼女の指導は私に力強さを与えてくれました。

ボストンからアメリカ南部のジャクソンに飛び、そこで『情熱大陸』のスタッフと合流しました。妹の祐美も一緒でした。コーチなしでパートナーと二人で参加したので、祐美がコーチの名札を付けて、サポートしてくれました。

ジャクソンは小さな街ですが、街中がコンクール一色、お店で買い物をしていても、「頑張ってね」と声をかけられるほどでした。

コンクールの期間中、ダンサーは大学の寮に泊まり、食事もフリーです。コンクールの様子を自由に見ることができます。各ダ

レニングラード国立バレエで『白鳥の湖』をキリル・ミャスニコフと踊る

ンサーにはホストファミリーが付き、サポートしてくれるなど、大変アットホームなコンクールです。

第一次予選は「黒鳥」のグラン・パ・ド・ドゥを踊り、無事通過することができました。

第二次予選はコンテンポラリーだけです。さまざまな国から来たダンサーが違ったテイストの作品を披露したことから、見ているだけで心が踊りました。運動神経、感受性、テクニック、すべてが型破りで自由に表現されていました。

私は主に動きを見せる作品を踊り、無事第二次予選も通過することができました。

最後はクラシックとモダンの両方を踊らなければなりません。パートナーともコンクールで初めて組んだことなどもあり、残念ながら満足のいく踊りができませんでしたが、コンクールの創設を記念して設けられた「ロバート・ジェフリー創設者賞」をいただくことができました。

コンクールが行われた二週間あまり、妹の祐美とともに素晴らしい時間を過ごすことができました。その後、アラバマで『真夏の夜の夢』にゲスト出演が決まっていたので、さっそく現地に入り、リハーサルを始めました。

そんなある日、エスティ ローダーの関係者から一通のメールを受け取ったのです。

「挑戦する輝く女性」というアワード

メールにはエスティ ローダーが行うディファイニング ビューティ（挑戦する輝く女性）アワードの第一回受賞者に私を推薦したいとありました。

突然のことに驚きましたが、エスティ ローダーの指示通り資料を送ると、数日後に、「ニューヨーク本社からもゴーサインが出て正式に決まりました」との連絡がありました。

この賞は美しさと聡明さを備え、夢に挑戦し、その活動を通じて人々に感動を与えた日本人女性に贈られるとのことでした。二〇〇二年の第一回受賞者となりました。

エスティ ローダー・ディファイニング ビューティ アワードで受賞

第二回はジャズシンガーのakikoさん、第三回はアイススケートの金メダリスト、荒川静香さんです。

後に聞いたところでは、第一回の受賞者を決めるにあたって、日本で二十代から四十代の女性をターゲットに候補を探していたのですが、なかなかニューヨークの本社がＯＫを出さなかったそうです。

それが、『情熱大陸』で、私が転んだのにすぐに起き上がって、何でもなかったように踊っていた姿を見て、「芯が強く、前向きに生きる女性のイメージにぴったりだ」とのことで、本社もＯＫを出したとのことです。

東京に戻ると、担当者は私にマネージャーもついていないことにびっくりしたようでした。私のマネージャー替わりは妹でした。

ホテルのＶＩＰルームが用意され、全自動カーテンを開けるとエスティ ローダーの化粧品一式が揃っていました。もてあますほど大きな部屋で、私も妹も、そわそわして落ち着きませんでした。何しろロシア時代から生きるか死ぬかという経験をしてきたので、メディアでの発表のときも、芸能人のような雰囲気は別世界に感じました。

一年間はエスティ ローダーと活動するということになりました。

さまざまなところからオファーも来ましたが、私は芸能人のような活動をするつもりはありませんでした。芸術の神髄を追求したいと常に思っていたからです。

その後ボストン・バレエに戻ると、ニューヨーク本社から招待をいただき、急遽ニューヨークに飛びました。本社では世界のエスティ ローダー全十社の幹部が集まる会議が開かれ、私は会議後の豪華なディナーに参加し、オフィスの見学をさせていただきました。

高級ホテルの部屋で正装して過ごすのと、シャワーの湯も出ず、トイレットペーパーもないボリショイの寮での生活は、まったく違いましたが、私にとってよかったことは、二つの別の世界を見ることができたことです。華やかな世界も素晴らしいですが、ロシアの大地から芽を出す雑草の世界も素敵です。

いままでとは違う世界を垣間見たことは、私にとっていい経験となりました。

引退を意識した足の故障

ボストン・バレエに入団して二年目、足が痛くてジャンプもできない状態になりました。つま先を伸ばすのも痛くて、医者に相談したところ、足首の三角骨を手術することになりました。三角骨は指と脚の骨をつなぐ部分にあたり、バレエをしている人たちが痛めやすい箇所です。

手術の日も決まったのですが、数日前からインフルエンザにかかり、一カ月延期になりました。二回目の手術のときも熱を出して、手術ができなくなりました。私は手術をしない決心をしました。手術をしないとなると、だましだまし踊り続けるか、辞めるしかありません。私はまずボストン・バレエを辞めることにしました。

そんななか、第二回の「夢コンサート」を開催する話が持ち上がり、二〇〇三年夏の日程が決まりました。足の痛みがひどく、練習もできない状態でしたので、私は心の中で、「これが最後の舞台かもしれない」と覚悟しました。

将来が見えないまま、白紙の状態でボストンから日本に帰ってきました。「夢コンサート」まであと三週間、センター（フロア）でのレッスンもできないまま、時間が過ぎていきました。

「家族五人が出演しないと意味がない」と思いながら、レッスンをしていると、不思議なことに二週間ほど前から痛みが和らいできました。一週間前からはポワントでも立てるようになりました。

ちょうどこの頃ゲストが到着しました。ボストン・バレエからゲール・ランビオッテとソビン・シャラートが、ロシアからキリル・ミャスニコフが来てくれました。

本番当日まで、事務、練習、構成、打ち合わせに追われました。衣装と書類で家の中は雑魚寝状態でした。オーケストラのスコアをパート譜に移し替え、全員に送る作業、プログラムのデザイン、衣装の手配、照明、チケットの販売、すべて家族でやり切りました。

私たち家族五人のリハーサルやゲネプロ（最終リハーサル）の様子をビデオに収めて、スクリーンに映し出すことになり、映像の編集も行いました。

足の手術のことはすっかり忘れるまでに回復してきました。

本番は父と母のデュエットから始まりました。母のピアノにのせて、父のクラリネットが「星に願いを」などを奏でます。オーケストラをバックに父が吹いたモーツァルトの「クラリネット協奏曲」の美しさは格別で、思わず涙が溢れました。

ミャスニコフと黒鳥のパ・ド・ドゥを踊る

真実のピアノ演奏、祐美のダンス、舞台での家族の姿を見ていると、モスクワ留学からドイツやアメリカで過ごした日々のことが、走馬灯のように蘇りました。

本番で私が踊ったのは、『海賊』、『眠りの森の美女』のグラン・パ・ド・ドゥ、「黒鳥」のアダジオ、創作の『エトピリカ』、『花は満開に』、『シング・シング・シング』の六作品でした。

あっという間に二時間半の「夢コンサート」は終了しました。家族五人が芸術に対する思いを、音楽、ダンス、歌で表現できることは幸せこのうえないことです。

私は両親をはじめ妹たち、ゲストのみなさま、そして会場に足を運んでくれたすべてのみなさまに、心から「ありがとう」という気持ちでいっぱいでした。

「夢コンサート」の後、私はしばらく日本で足の療養に時間を費やしました。すると次の挑戦への意欲が湧いてきました。

国際交流大使として再び世界へ

二〇〇三年、私は大阪府吹田市の国際交流大使としてオーストラリアに行く機会がありました。吹田市はオーストラリアのバンクスタウンと姉妹都市の提携を結んでいました。

シドニーから電車で三十分ほどですが、オーストラリアの時間はなんとゆったりと流れているのでしょうか。

バンクスタウンでは、吹田市長のメッセージを伝えましたが、今後の文化交流の話を頂き、会場なども見せていただきました。シドニーオリンピックで使われた会場もあり、何か面白いことができそうな予感がしました。

二〇〇三年から二〇〇四年にかけては、フリーとしてさまざまなところで踊る機会に恵まれました。サンクトペテルブルクでは『白鳥の湖』や『ジゼル』の全幕を踊りました。

アメリカには『くるみ割り人形』を踊るために一カ月ほど滞在しました。十二月になると、どのバレエ団、バレエ学校も、『くるみ割り人形』を上演するのがならわしです。

アラバマ、シカゴ、ボストンなどを、ゲスト・プリンシパルとして回りました。『くるみ割り人形』の「金平糖」のパ・ド・ドゥはパートナーとリハーサルをして現地に行きましたが、第一幕の

国際交流大使としてバンクスタウン市長と

「雪のシーンのパ・ド・ドゥ」や第二幕の「プロローグ」、「コーダ」は、現地に行ってから振付を覚え、すぐに本番でしたので緊張の連続でした。

足の不調、ボストン・バレエ退団、「夢コンサート」を通じて、私の人生にはさまざまな転機があったことを振り返りました。

十歳のときに初めて見たロイヤル・バレエ団というプロの世界、十三歳のときに初めてサンクトペテルブルクで受けた衝撃、一九九三年に十六歳で入学したボリショイバレエ学校、パリでのコンクールとオーディションツアー、アメリカでのチャレンジ。すべてが人生の転機でした。フリーとして過ごした時間は、私にとって次のチャレンジへのいわば「熟成」の時間となったのです。

北極圏にて

北極圏のムルマンスクからシベリアまで、フリーの時期で最も印象に残っているのは、北極圏の街ムルマンスクとシベリアのウランウデを訪ねたときのことです。

ムルマンスクはロシアの最西北の街で、生涯行くことはないと思っていましたが、ロシアの「スターガラ」のメンバーとして参加することになりました。ほかのダンサーらとともにモスクワから夜行列車で向かいましたが、乗った途端からウォッカパーティになりました。

夜通しパーティのようで、翌朝到着して会場に入ると、すぐにリハーサルが始まりました。ロシア人のお酒の強さを見せつけられた思いです。

ムルマンスクでは「黒鳥」と『ジゼル』のグラン・パ・ド・ドゥを踊りました。観客はバレエを見る機会が滅多にないようで、大歓迎してくれました。日本人がこの劇場で踊ったのは初めてのことだと言われました。ムルマンスクには軍港があり、本来外国人は立ち入ることができませんが、ロシア人として入れてもらいました。

公演の後、オーロラが現れるかとしばらく外で待ちましたが、残念ながら見ることはできませんでした。それでも北極圏の星の美しさは格別でした。

column

ムルマンスクという街

ムルマンスクはロシアの最西北の街で、ノルウェー、フィンランドとの国境に近い。北極圏最大の都市で、不凍港として旧ソ連時代から軍港が置かれている。

一九四一年に始まったナチスドイツとの「大祖国戦争」では、ドイツ空軍の猛烈な爆撃を受けたが、旧ソ連軍は守り抜いた。

戦いには勝利したものの、町は徹底的に破壊され、「大祖国戦争」では焼け野原となったスターリングラードに続いて、破壊の度合いが激しかったという。

旧ソ連時代は「英雄都市」の称号を与えられ、急速に復興が進んだ。現在もロシア北方艦隊の基地がおかれている。

ロシアの西北から今度はシベリアに行く機会がありました。モンゴルとロシアの国境の街ウランウデです。ウランウデでは『白鳥の湖』と『ジゼル』の全幕を踊る機会に恵まれました。ウランウデのオペラ・バレエ劇場は第二次大戦後、シベリアに抑留された日本人が建てたものだそうです。日本人が踊るのは初めてで、大歓迎を受けました。旧ソ連崩壊後、ロシアの大都市ではレーニン像が取り除かれていましたが、ウランウデの中心には大きな像が残っていました。

ホテルは最高級とのことでしたが、部屋はボリショイバレエ学校の寮とさして変わりませんでした。布団もバスタブもトイレの便座もありませんでした。

気温はマイナス三十度、外に出るのも危険なほどでした。カフェがあるというので行ってみたら、藁ぶきのテントで、出てきたのはモンゴルの肉まんでした。まるで映画の世界のようでした。

ウランウデは顔を見るとロシア人とモンゴル系アジア人が半々くらいですが、人々はみんなロシア語を話します。私が町を歩いていてもまったく違和感はありませんでした。

いざ劇場に入ってみると古くて暖かい趣があり、本当に魅了されました。しかも戦後日本人が抑留生活の中で建てたのかと思うと、感慨はひとしおでした。

演目は『白鳥の湖』でした。第三幕の「黒鳥」のバリエーションはキーロフ版と聞いていましたが、グリゴロービッチ版（ボリショイ・バージョン）とわかり、少し焦りましたが、以前踊ったことがあるので何とか踊りきることができました。

驚いたのは二幕が終わったところで中断したことです。何とステージで大臣からの表彰がありました。全四幕が終わってからならと思いましたが、大臣まで見にいらっしゃったことには感激しました。

ちょうどロシア大統領選挙が行われており、選挙会場を覗きに行きましたが、夜八時の開票が始まると、十分でプーチン大統領の当選が決まりました。本当にあっという間のことでした。

ウランウデの『白鳥の湖』ポスター。左の大きい文字が針山愛美

二つ目の『ジゼル』も気持を込めて踊ることができました。『ジゼル』はパートナーによって踊り方や演技がまったく異なり、一度限りの舞台となります。ウランウデでの本番も思い出に残っています。

二〇〇四年春にはサンクトペテルブルクで『白鳥の湖』全幕を踊ったり、懐かしいボリショイバレエ学校やワガノワ・バレエ学校を訪ねたりしました。訪れるたびに綺麗で過ごしやすくなっています。

二〇〇四年一月、フィンランド経由でベルリンに飛びました。ベルリン国立バレエ団のオープンオーディションを受けてみようというのが目的でした。

オーディションはものすごい数のダンサーで溢れていました。

column

ウランウデとシベリア抑留

ウランウデはシベリア・バイカル湖に近いブリヤート共和国の首都である。チンギスハン時代にはモンゴル帝国の版図で、いまもブリヤート人にはチベット仏教の信徒が多い。

一九一七年のロシア革命後、一時期シベリア出兵により、日本軍が占領していたこともある。

第二次世界大戦末期、ソ連が対日戦に参戦すると、元日本兵が連行され、過酷な環境の中、強制労働に従事させられた。シベリア抑留だ。

ウランウデにある国立ブリヤート・オペラ・バレエ劇場は抑留されていた日本人抑留者が建設に参加した。一九五二年にこけら落としが行われた。

二〇一二年より、ボリショイ・バレエ団で活躍した日本人バレエダンサー岩田守弘が芸術監督を務めている。

第六章　ベルリンという文化

ベルリンでのチャレンジ

二〇〇四年の冬は大変忙しい時期でした。ベルリンでオーディションを受けようと決意したのは、かなり前のことです。一九九七年一月にモスクワから初めてヨーロッパにオーディションを受けに行ったとき、電話もせずにベルリン国立バレエ団の門を叩いたのですが、当時ディレクター のポストが空席のままで受けることができませんでした。

それ以来、悔いが残らないようにいつか再び挑戦しようと思っていました。

二〇〇四年一月、国際オーディションが行われました。このときのオーディションはベルリンの三つのバレエ団を統合するため、世界規模で行われました。

私はマラーホフが芸術監督になると聞き、受けるだけでも意義があると思い、チャレンジすることを決めました。オーディション会場には三百人ほどがすでに集まっていました。

私のゼッケンは確か「四六番」でした。バーレッスンが四十五分ほど続くと、三百人いた人数が百人以下に絞られました。

センターレッスンに移ってしばらくすると、「トゥシューズを履きたい人は履くように」との指示がありました。私は普段トゥシューズでレッスンを受けることがあまりなかったので、バレエシユーズのまま受けました。トゥシューズを履かなかったのはほんの数人でした。

レッスンを担当したのはパリ・オペラ座出身の先生です。マラーホフやバレエ団の教師たちが見守っていました。マラーホフはベルリン国立歌劇場バレエ団の芸術監督に就任して二年目でした。

二時間くらいのレッスンが終わると、三名の番号が呼ばれ、オフィスに来るように指示されました。私がオフィスに行くとマラーホフが座っていました。私の申請書類を見ながら、「ボリショイバレエ学校の出身か」と聞かれました。

ABT で来日したときのマラーホフとイリーナ・コルパコワらとともに

「はい」と答えると、「ではロシア語で大丈夫だね」と言われました。そしてマラーホフが、「契約する」と言ってくださったのです。本当に信じられませんでした。そのときがマラーホフと二人で言葉を交わした最初だったと思います。
マラーホフを最初に見たのは一九八五年、ボリショイバレエ学校の来日公演のときです。素晴らしい公演でした。その後マラーホフがアメリカン・バレエ・シアターとともに来日したとき、私はバレエ・インターナショナルに所属していて、コルパコワ先生と一緒にリハーサルを拝見するなかで、何度か話す機会がありました。

ボストン・バレエに在籍しているとき、ベルリン国立バレエ団でオーディションがあることを知り、いつか必ず受けたいと思っていました。

こうしてベルリン国立バレエ団に入団することになり、マラーホフがベルリン国立バレエ団の芸術監督に就任したその年から、退任するまでの十年間、目まぐるしく変化するベルリンで過ごすことになったのです。最初の五年ほどは、話をすることもできない雲の上の人でしたが、仕事をしたり、食事をしたりするなかで、信頼関係ができていきました。

ベルリン国立バレエ団での楽しい日々

ベルリン国立バレエ団は、ロシアとフランスのパリ・オペラ座バレエ団を除けば、ヨーロッパでも最大です。私が入団した二〇〇四年にウラジーミル・マラーホフが芸術監督になったことはお話ししたとおりです。

当時ベルリンにはベルリン国立歌劇場バレエ団に六十数名、ドイッチェ・オパー・バレエ団に約三十五名、コーミッシュ・オーパー・バレエ団に十八名くらいのダンサーがいました。

マラーホフはこれを統合してベルリン国立バレエ団を組織したのですが、三つのバレエ団からの移籍は厳しく、コーミッシュからは一人しか入団できませんでした。

ダンサーが約百二十人から九十人に削減されたため、かなり入れ替わりました。私もそのときに採用されたので、ベルリン国立バレエ団の第一期生です。ベルリン国立バレエ団はマラーホフのときに大きく成長しました。

バレエ団の組織としては、ダンサーが約九十名、ディレクターのほかにファイナンス・ディレクターがいます。

プロジェクト・マネージャー、ディレクター補佐、パブリケーション担当などが運営を司ります。バレエの先生は五、六人、音楽担当のピアニストも五人ほどいます。

本番になるとコスチューム担当と劇場のスタッフが加わります。本番前にはリストが発表されて、キャスティングが決まります。ダンサー一人ひとりにメークする机があり、ドレッシングルームがあります。公演に必要なものはイヤリングからタイツまで、すべてスタッフが本番二、三時間前までに用意します。こうしたスタッフが二、三十人います。公演が終わると衣装を含めて回収し、保管されます。

新しい作品が上演されるときは、新しい衣装が必要になります。ダンサーのサイズはあらかじめ測ってあるので、それに合わせて衣装が作られます。ダンサーが新しい役に変わるときには、衣装のサイズを直して体型に合わせます。

メイクとヘアメイクのスタッフも二十から三十人います。女性は自分でメイクをしますが、男性はスタッフに任せます。

オーケストラは劇場付のオーケストラで、指揮者はバレエ団が指名します。例えば『白鳥の湖』は「この方」と言うように決まっています。

そのほかにキューを出す舞台監督、舞台転換、照明、セットなど、何十人もいます。ベルリン国立バレエ団の場合、総勢五百から六百人くらいになるのではと言われています。

演出も大切です。演出家はディレクターとは別にいます。例えば『白鳥の湖』一つとってもいろいろな演出があります。プログラムを見ると、演出のところに振付、セット・デザイン、照明など五人くらいの名前が書かれています。

上演する作品は一シーズンに二十作品くらいです。そのうち「プルミエ」といって、四作品くらいが新しい作品になります。四作品については二週間くらい前からオーケストラと合わせながらステージ・リハーサルを行います。初演の作品では数回オーケストラと合わせます。

そのほかの作品については何度も上演しているので、ステージを使ったゲネプロ（ゲネラル・プローベ、全体リハーサル）を一回だけ行いますが、準備にはかなりの時間がかかります。

ベルリンでは年間約百回の公演があります。六週間は休みですので、十カ月に百回、月十回ほどの公演があります。公演はベルリン国立歌劇場、ベルリン・ドイツオペラ、それにコーミッシュ・オペラで行われます。

上演する作品はランダムに変わります。今日は『白鳥の湖』、明日は『くるみ割り人形』、明後日は『オネーギン』といった感じです。

アメリカはまったく違うやり方です。リハーサル期間が一カ月から一カ月半あって、一つの演目を集中的に練習します。パフォーマンス期間に入ると連日公演で、二週間で十回くらい同じ演目を上演します。それが終わると次の作品のリハーサルに入ります。

ベルリンやロシアでは、ランダムに本拠地の劇場を埋めていきますが、アメリカは専属の劇場がなく、借りるのが普通です。国によって上演の仕方が異なります。

私はベルリンで年間約百回のうち、七割以上出演していました。

アメリカでは冬に『くるみ割り人形』などの人気作品を上演します。一カ月に五十五回出演したこともありますが、そのときはさすがに倒れそうでした。毎日二回、水曜日だけは一回でしたが、まるでロボットのようにこなしました。

年間百回の公演は、慣れてしまうと大変ではありません。ただし踊りが慣れてしまわないように、いつも初演のような新鮮な気持ちを忘れないよう心掛けました。

職業としてのバレエ

ベルリンのシンボルはブランデンブルク門です。そこから続くウンターデンリンデン通りの東側にはフリードリッヒ大王の騎馬像があるのですが、ベルリン国立歌劇場は騎馬像からすぐのところにあります。

この付近にはベルリンで最も美しいと言われるジャンダルマン広場があり、そこからはベルリン大聖堂と十七世紀にたてられたフランス大聖堂が一望できます。

マラーホフと『眠れる森の美女』終演後

劇場の向かいには一七六六年に皇太子ハインリッヒの宮殿として建てられたフンボルト大学があります。この大学はその後哲学者のヘーゲルやグリム兄弟を輩出し、森鷗外も門をくぐりました。

ベルリン国立歌劇場は歴史的な建造物が残る一角に、ひときわ格式のある建物として輝いています。

バレエを職業として考えると、みなさんの想像とかなり違うと思います。ベルリンでは公務員でしたので、けがをして休んでも、給料が保証されましたし、保険も年金もしっかりしていて安定感がありました。年間では七、八月はオフシーズンになります。ベルリンでは公務員として六週間の休暇が義務付けられていました。休暇の間にツアーカンパニーで踊ることもあります。

アメリカでは州によって契約の仕方が異なりますが、私がいたボストン・バレエでは四十週仕事をして、残りの十二週は失業保険を申請しないと給料が出ません。システムがまったく違うのです。トップダンサーは一回ごとの契約が多いようです。

ベルリン春夏秋冬

ベルリンにはたくさんカフェがあります。どこも素晴らしく独特の雰囲気があります。私はあまりコーヒーを飲まなかったのですが、ベルリンに来てから大好きになりました。

カフェでコーヒーを飲むというよりも、静かに自分のアイデアを膨らませたり、仕事の計画を練ったり、友人たちと話をしたりと私にとってはとても大切な時間です。

春になるとベルリンの人たちは、まるで熊が冬眠から覚めたときのように、カフェでお茶を飲んだり、太陽のもとでピクニックをしたり、食事をしたりするのです。私も緑の中を歩くのが大好きですし、宮殿や美術館をめぐるのもベルリンの楽しみの一つです。

ドイツというとビールとソーセージですが、私はお酒は飲めず、ソーセージもそれほど好きではありません。

ベルリン国立歌劇場には食堂があり、ダニエル・バレンボイムのようなマエストロや著名な演奏家と普通に同席することができます。それはバレエを仕事とする私にとって素晴らしいひとときでした。音楽は私の人生の喜びです。

食堂で見かけたマエストロにはバレンボイムのほかに、ベルナルト・ハイティンク、サイモン・ラトル、ピエール・ブーレーズ、ズービン・メータと名前を上げるときりがありません。

ベルリンフィルの演奏会やオペラには、毎日のように出かけました。世界から来る演奏家の最高の演奏を聴くことができたのは私の一生の財産です。

六月にシーズンが終わると夏休みです。団員も故郷に戻ったり、旅行に出たりと思い思いに過ごします。

シーズンは九月に始まり、皆真っ黒に日焼けして、はつらつとした状態でシーズンに入ります。ヨーロッパの人たちは休暇をとても大切にします。シーズンに入るとリハーサルが待ち受けています。一番忙しい時期です。

十一月九日はベルリンにとって特別な日です。一九八九年、ベルリンの壁が崩壊した日だからです。二〇〇九年のベルリンの壁崩壊二十周年記念式典は大きなイベントでした。

私の友人がブランデンブルク門の真横にアパートを持っていて、広場で行われている式典の様子を屋上から写真撮影をしていたところ、国家警察がアパートの扉を叩くのでびっくりしました。会場にはメルケル首相はじめ、ゴルバチョフ元大統領やヒラリー・クリントン国務長官ら要人がずらりと並んでいたので、要人を狙ったテロを警戒してのことだということでした。

国家警察はヘリコプターで上空からも監視しており、不審者がいると上空から射殺することもあると言われて驚きました。

記念式典はバレンボイム指揮ベルリン国立歌劇場管弦楽団の演奏で始まり、各国首脳からの祝辞のあと、ボンジョビのコンサートが行われました。ハイライトはベルリンの壁千個のドミノで、ベルリン全体が光の祭典のようでした。

ベルリンの冬は長く暗い日が続きます。クリスマスは日本と違って家族が集まり、厳かな一日を過ごします。年末はバレエの上演も多く、あっという間にお正月です。

お正月はみんなで楽しく騒ぎます。年末には必ずベルリン国立歌劇場でベートーベンの第九交響曲のコンサートに行きました。第九を聞いて一年を振り返ります。十二月三十一日にはベルリンフィルのジルベスター・コンサートが行われます。この二つは私の十年間のベルリンでの生活で恒例となっています。

ベルリンでの公演

ベルリンでの初舞台は国立歌劇場の舞台で、ストラビンスキーの『火の鳥』を踊ったと思います。三つほど演目があり、指揮者はダニエル・バレンボイムでした。

マラーホフが好きな作品の一つにモーツァルトの曲を使った『ヴォヤージュ』という作品があります。ソロの作品です。そのときバレンボイムは、オーケストラピットの中でピアノを弾き、それに合わせてマラーホフが踊りました。

私は舞台上で横から見ていましたが、そのとき、本当に幸せを実感しました。自分は何という空間にいるのだろうと。自分がこれから芸術の都ベルリンで、アーティストとして活動するのだと、はっきりと自覚しました。すべてを吸収したいと思いました。

思い出深い作品の一つに『ラ・バヤデール』があります。古代インドの物語で音楽はレオン・ミンクスです。アヘンを吸ってそこから見える世界が幻想的で、とくに三十二人のダンサーが氷山から降りてきて踊るシーンは圧巻です。私は「幻想の場」のトリオでデビューしました。

ストーリーはいわゆる三角関係で、英雄ソロルは舞姫のニキヤと密かに愛し合い、結婚の誓いを立てますが、ソロルは別の女性のガムザッティと結婚してしまいます。

振付はマラーホフで、主役の英雄ソロルもマラーホフが踊ります。『ラ・バヤデール』の最後の場面はいろいろなバージョンがあります。ソロルとニキヤが黄泉の世界で結ばれるバージョンが一般的ですが、マラーホフの振付では夢から覚めてもう一度結婚の場となり、そこにニキヤの亡霊が現れ、神が怒って寺院を崩壊させて全員が死ぬという結末になっています。

マラーホフが演出で最もエネルギーを注いだのは寺院が崩壊する場面で、バレエの最後を飾ります。マラーホフの作品で一番初めに踊らせてもらったことが深く記憶に残っています。

『ヴォヤージュ』と『ラ・バヤデール』

『ヴォヤージュ』はマラーホフのために作られたソロ作品である。曲はモーツァルト作曲ピアノ協奏曲第二十三番の第二楽章で、モーツァルトのピアノ協奏曲として最も美しく気品のある作品の一つだ。マラーホフの依頼によって、振付家のレナート・ツァネラが創作した。自伝によるとその頃マラーホフは毎日この曲を聞いていたという。マラーホフにとってあまり経験のないモダンだったことから不安もあったが、真っ白な衣装で優雅に踊るこの作品はたちまち人気となり、各地で上演された。「切望していた未知の踊りへの世界が開かれた。体のバランスや遠心力に逆らうような動きは、私にとってまったく新しいものだった」

マラーホフはこう記している。

『ラ・バヤデール』は一八七七年にサンクトペテルブルクで初演された作品で、音楽はレオン・ミンクス、振付はマリウス・プティパである。ヨーロッパでは上演の機会が少なかったが、東洋趣味とドラマティックな演出が功を奏して、一九六〇年代から人気作品となった。

マラーホフ時代のベルリン国立バレエ団でもたびたび上演されている。

作品を伝えること

バレエの振付を伝えるのは本当に大変なことです。「振り写し」といいます。音楽は楽譜がありますから、録音がなかった時代にも記録として伝えることができました。

しかし振付は紙に起こして伝えるすべがないので、昔は踊った人が伝えていかなければなりませんでした。いまはビデオがありますが、それでも舞台の後方や衣装で隠れている膝の動きなどは見ることができません。

「振り写し」は人から人へと伝えていくために欠かすことができません。私も自分でノートを作っています。例えばフォーメーションでの位置関係や音楽との関係、足の運びやグリッサード（すべらす動き）、パ・ド・シャ（猫の歩み）といった動きをパズルのように書いていきます。おそらく自分だけにしかわからないでしょう。

『白鳥の湖』の公演で、振り写しをしてくださいと言われた場合は、自分でビデオとノートをもとに実際に踊って見せて、全部のパートをほかの人に移していきます。振り写しは人から人への伝承ですので、振付家によってはビデオを渡さないところもあります。ビデオによって先入観ができてしまうからです。いまはユーチューブもありますし……。

新作の初演のときは六週間以上かけて作りますが、「振り写し」も同じくらい時間がかかります。一つひとつのステップを確認し、練習し、作り上げていきます。

モーリス・ベジャールを例に挙げると、二十年前に作った『ニーベルングの指環』についても、新しいダンサーが踊るときはどんどんリニューアルしながら、人から人へと残していく作業をします。

『白鳥の湖』は私にとってとくに思い入れの深い作品で、何種類ものバージョンを踊りましたが、踊ったパートナーによっても変わってきます。一瞬一瞬、お互いがそのとき限りの掛け合いや気持ち、踊りの駆け引きをしながら役になり切ります。

また振付では伝えきれない内面から出る表現や、足の出し方や腕の使い方だけでも、何百万通りの表現の幅があります。

バレエ団ではいつも議論となりますが、去年はこうだった、三年前はああだったと、ダンサーによって色々覚えていることが違います。最終的には振付家が二年に一回くらいチェックして、まとめ上げて行きます。非常にアナログな世界で、それが芸術のよさかもしれません。振付やリハーサルは一瞬の作業です。頭に残っていること、体が覚えていることが大切なのです。

コール・ド・バレエ（群舞）はまったく別です。群舞のときは一ミリたりともずれてはいけません。舞台の上にラインがあるとすると、土踏まずの真ん中にラインが来るように立つなど、細かい

スロバキア国立コシシェ州立歌劇場で振り写し

決まりごとがあります。コール・ド・バレエでラインをはみ出すと必ず注意されます。

角度も例えば四十五度など決まっていて、音楽を聴きながら「ワン・ツー・スリー」とカウントしながらリズムを合わせて踊ります。

バレンボイムの言葉に、「楽譜を見てすぐに弾けない人がいるというのは信じられない」というものがあります。バレエは音楽を聴いて踊るのですが、カウントで踊るダンサーもいます。私にはカウントしながら踊ることのほうが難しく、音楽を自然に聞きながら踊ることで自由な表現が生まれてきます。

「振り写し」ができる方法があれば、開発したいと思うほどです。楽譜ならぬ「舞譜」とでもいうのでしょうか。「舞譜」で練習しておけばコーチングだけで済みます。実際の公演では振付や振り写しが終わらないまま本番に入ってしまうこともあるのです。

振付を人から人へと受け継いでいくのは大変難しいことです。

column

モーリス・ベジャール

フランスのバレエ振付家で一九二七年、フランスのマルセイユに生まれた。バレエダンサーとして活躍した後、振付師として『春の祭典』などを創作した。ベジャールを一躍有名にしたのは、『ボレロ』である。円卓でソリストが群舞に囲まれ、ラヴェル作曲の『ボレロ』に合わせて踊る作品はクロード・ルルーシュ監督の『愛と哀しみのボレロ』として映画化され、一世を風靡した。

日本文化にも造詣が深く、三島由紀夫をテーマにした『M』や『仮名手本忠臣蔵』をベースにした『ザ・カブキ』などの振付を行っている。

海外公演の楽しみ

バレエの公演で世界のさまざまな国を巡ることができるのは大きな喜びです。欧米はもちろんのこと、最近ではアジアなどでもバレエへの関心が高まってきました。

ツアーは年に一、二回で、シーズンの終わりごろに出かけます。ヨーロッパで印象に残っているのは、スペインのアルハンブラ宮殿の野外で開かれたフェスティバルです。

気温は四十二度、日が暮れても暑かったので、リハーサルが始まるのは午後七時からでした。ドイツでは公演は夜七時半くらいに始まって、十時には終わるのですが、スペインではなんと夜十時から始まって午前二時まで続きます。そのときは満員でした。

山の上だったせいか、少し空気が薄い感じがしました。ちょうどサッカー・ワールドカップのドイツ・スペイン戦があったことから、町中大騒ぎでした。『眠れる森の美女』の上演中に花火が上がって、スペインが勝ったことを知りました。

二時に終わってレストランに行くと手違いで閉まっていて、食べるものがなかったので、自動販売機で安いソーセージを買ってみんなで分けて食べた思い出もあります。

二〇一〇年にはロシアツアーにバレエ団ではなく個人で参加しました。バスで十時間以上も移動してすぐ公演があったり、夜行列車で二十七時間も移動したりと珍道中でしたが、ツアーが終わるころにはみんな家族のようになっていました。

とくにガリーナ・ウラノワに捧げるパフォーマンスで、彼女が最も得意としていた『瀕死の白鳥』を自分が踊ったことは心に残っています。ロシアの大地をかけ巡ると、山の上には風車が回っているなど、まるで映画のセットの中にいるようでした。

二〇一一年にはタイのバンコクでのイベントに参加しました。リッツカールトン・ホテルの一周年記念のパーティが舞台でしたが、豪華なホテルと周辺の貧しい家々のギャップに驚かされました。

翌年、ドイツとタイの友好百五十周年を記念して、ベルリン国立バレエ団のツアーとして、再びタイを訪れることになりました。バレエを初めて見るという方も多く、観客のレベルはまだまでした。ダンサーと観客は二時間の公演で時間を共有するので、空気が伝わってきます。

『白鳥の湖』を踊りましたが、最後にお辞儀をするところで、タイ式に両手両足を合わせてお辞儀をしたところ、一番大きな拍手喝さいが沸き起こりました。文化の違いを感じさせられました。

二〇一三年の北京公演はなかなか大変でした。ツアー中は自分で食事をしなければなりませんが、公演が終わった十時、十一時に開いているレストランがなかなか見つからず苦労しました。やっと一般庶民向けの食堂を見つけて、フカヒレの料理を頼んだのですが、フカヒレとは思えない物が出てきました。

一人でバスに乗って天安門広場などを見学しましたが、バスの乗り方や切符の買い方もわからず、大きな金額のお札を出したら大声で怒られ、帰りのバスを乗り違えて遅れそうになるなど、スリル満点でした。

ちょうど数日前に爆弾事件があったとかで、セキュリティが大変厳しくなっていました。ダンサーの一人がパスを忘れたところ、劇場に入れてもらえませんでした。

北京の新しい劇場は人民大会堂の裏手にあたり、内部はまったくの別空間でした。演目は『ラ・ペリ』と「ガラコンサート」でしたが、意外なことに『ラ・ペリ』が大変な人気でした。

北京から台湾に行きましたが、打って変わって解放感に満たされました。日本人と見ると話しかけてくれて、すぐに友だちになりました。ほかのメンバーもうきうきとショッピングなどに出かけました。マッサージに行ったり、レストランで食事を楽しんだり、まるで冬眠から覚めたようでした。

演目はマラーホフのために作られた『カラバッジョ』と「ガラコンサート」です。また、そのときとは別に、マラーホフとともに子どもたちを集めてワークショップを開催しましたが、体型的には中国と一緒で、バレエに向いている子が多いと感じました。これから伸びそうですが、需要があり、現に二〇一七年にはバレエの台湾グランプリに審査員として招かれました。

column

『瀕死の白鳥』と『ラ・ペリ』

『瀕死の白鳥』はフランスの作曲家サン＝サーンス組曲『動物の謝肉祭』の「白鳥」にミハイル・フォーキンが振り付けたもので、一羽の白鳥が静かに息絶えるまでの様子を描いた作品。

アンナ・パブロワの代表的作品で、パブロワの名を汚さないために、以後、何年も踊られることはなかったが、二十世紀の最も偉大なバレリーナ、マイヤ・プリセツカヤが異なる振付で踊り、再び光を当てた。

『ラ・ペリ』はピアノ練習曲として初心者が必ず弾くブルグミュラーの音楽に、ジャン・コラーリが振付を行った作品。一八四三年に初演された。舞台はエジプトで現実に飽きたアクメがアヘンを吸って、幻想の世界で妖精の女王ペリに魅せられるというストーリー。

「3・11」と日本公演

二〇一一年三月十一日、東日本大震災の発生をテレビで見たときは衝撃でした。映像を見たとき、胸が張り裂けそうでした。数日間涙が止まらず、心配してくれるバレエ団のメンバーからの温かい言葉に逆につらくなるほどでした。

日本から遠く離れていながら、心が痛み、泣き、心配し、胸が張り裂ける思いでした。

とくにドイツのテレビとＮＨＫの海外放送での伝え方がまったく違っていたので、本当に何が起きているのかと不安になりました。

キオスクで買った新聞を全部読み比べてみました。日本ではメルトダウンを隠していましたが、私は嘘ではないかと思いました。

ドイツではこの世の終わりのような伝え方でした。写真も日本の新聞にはないものがたくさん掲載されていて、まるで原爆が落ちたような伝え方でした。

ちょうどその頃、ドイツでも原発をどうするか議論が行われており、選挙の争点にもなっていました。政党は原発の危険性を訴え、議会はすぐに原発の廃止を決めました。

もともとドイツの人たちは質素です。夜は暗くても電気をつけず、ろうそくを灯しています。必要のない電気は使わないし、ペットボトルも再利用しています。トイレットペーパーも、ゴミも、再利用します。夜は暗いものだと国民は意識しています。

日本は、震災のときも、過剰な包装がなくなることはありませんでした。

バレエ団の人たちはちょうど日本公演が終わった後だったので、みんなが日本のために何かしたいと思っていました。バレエ団としてメッセージを送ることになり、マラーホフの言葉を入れたメッセージビデオを制作して公開しました。

また日本に折り鶴を送ろうという運動や募金を集める運動も広がりました。チャリティコンサートが開かれ、バレンボイムの息子でバイオリニストのミヒャエル・バレンボイムら音楽家がリッツカールトン・ホテルの大広間でコンサートを行い、私も共演しました。現在活躍中のソプラノ歌手や室内オーケストラも参加、私は『瀕死の白鳥』を踊りました。私はマラーホフとともに寄付金を日本大使館に届けました。

五月八日にはマラーホフを芸術監督とするガラコンサートを行いました。ヨーロッパを中心に世界からダンサーが集まり、次々に踊るという公演でした。ガラの監督を務めたマラーホフは朝からリハーサルに立ち会い、照明の指示なども自分で行いました。本番の後には「今回は災害という悲しみの中で行われたが、次に日本のためのガラを開催するときは、幸せのためにできるように」というマラーホフの温かいスピーチがありました。

東日本大震災が発生してしばらくはメディアも毎日トップニュースの扱いでしたが、一カ月ほどたつとテロや内戦など、世界で起きているさまざまなニュースに注目が移り、福島のことは消えていきました。それが現実だと思いました。

ベルリン国立バレエ団に在籍している間、日本ツアーには二回行きました。私が入団した翌年の二〇〇五年が一回目です。演目の一つはマラーホフが振り付けた『ラ・バヤデール』です。マラーホフの頭には、私が入団したらこの役を踊らせようという構想があったようで、シーズンの初めに踊らせていただきました。

もう一つはベジャールの『ニーベルングの指環』です。上演には四時間半かかります。この作品を上演できるのはベジャールのバレエ団とベルリン国立バレエ団の二つだけです。

モーリス・ベジャールとともに

私はベジャールともリハーサルをする機会がありました。いま思えば貴重な経験でした。

二回目の日本ツアーは二〇一一年です。日本に来ると私の役割はツアーガイドのようで、バレエ団全体のお世話に二十四時間態勢でした。

演目はマラーホフ振付による『シンデレラ』で、私も金髪のカツラを付けて踊りました。また『チャイコフスキー』では複数の役をこなし、思い出深い日本ツアーとなりました。

兵庫県立芸術文化センターでも公演が行われましたが、その兵庫の大学にいま客員教授として来ていることに、ご縁やつながりを感じます。

column

「東日本大震災」とドイツの対応

二〇一一年三月十一日午後二時四十六分、マグニチュード九・〇の「東北地方太平洋沖地震」が発生した。この地震により、東北地方の太平洋沿岸に十メートルを超える津波が襲来、死者・行方不明者は一万八千人を超えた。

四十万戸が全壊・半壊、ピーク時には四十万人以上が避難した。

地震発生と同時に東電福島第一原発で事故が発生、東北三県から関東・中部までの広い地域が、「地震」、「津波」、「原発事故」の三つの災害に同時に襲われた。福島県内での原発避難者はピーク時に十六万人を超え、福島県内の原発関連死は三千人を超えた。

福島第一原発では一号機、二号機、三号機の三つがメルトダウン、二〇一八年現在でも原子力緊急事態宣言が出されたままである。

ドイツは東電福島第一原発事故に大きな衝撃を受けた。メルケル首相はドイツにある十六基の原発のうち、一九八〇年以前に建設された七基を直ちに停止した。またドイツ連邦議会は三カ月後の六月三十日、遅くとも二〇二二年までにすべての原発を停止するとの法律を圧倒的多数の賛成で可決した。

ベルリンフィルのこと

ベルリンフィルがウィーンフィルと並んで世界最高峰のオーケストラであることには、だれも異存がないと思います。

現在の芸術監督サイモン・ラトルはイギリス・リバプール生まれの六十三歳です。二〇〇二年にクラウディオ・アバドの後任として首席指揮者兼芸術監督に就任しました。

直接一緒に仕事をしたことはありませんが、私のコラボレーションをプログラムに入れてくださり、ベルリンフィルで上演することを許可してくれるなど、間接的に大変お世話になりました。何度か挨拶させていただいたことがありますが、本当にオープンな方です。

私にとって指揮者として大きな存在はアルゼンチン出身のバレンボイムです。彼の演奏は毎回異なり、その情熱には驚かされます。強い意志に貫かれ、エネルギーに満ち溢れ、国立歌劇場では常に走り回っている感じです。

ピアニストとしてのバレンボイムも高い音楽性を備えており、魅了されます。リハーサルを何度も聞きに行きました。

クラウディオ・アバドは大変エレガントな指揮者でした。音楽が始まるとまるで天使が舞い降りたような空気が漂います。イタリア・ミラノの生まれで、アバドの音楽には神秘性があるように感じます。

そのアバドが二〇一四年に亡くなったときの追悼記念演奏会でタクトを取ったのは、インド生まれのズービン・メータでした。

小澤征爾さんはベルリンフィルの団員だけでなく、ベルリン市民からも深く尊敬されています。

小澤征爾さんとともに

小澤征爾さんが指揮した「カラヤン生誕百周年記念演奏会」でのチャイコフスキーの交響曲第六番『悲愴』は、ものすごい演奏でした。

私がボストン・バレエにいたころ、小澤さんはボストン交響楽団の首席指揮者でしたが、当時交流はまったくありませんでしたが、ベルリンフィルで出会いました。

体調を崩された後の復帰公演ではベルリンフィルの団員やベルリン市民だけでなく、世界中の音楽関係者から温かい拍手を浴びました。

二〇一六年春のコンサートでは、観客とオーケストラ、それに小澤さんが一体となり、天から何かが舞い降りたような演奏でした。

小澤征爾さんはベルリンフィルから「名誉団員」の称号を受けましたが、ベルリンフィルは声明を発表し、「小澤さんが懸け橋となり、日本はベルリンフィルにとって第二の故郷になりました」とその功績を讃えました。

二〇一九年からラトルの後を継いで芸術監督に就任するキリル・ペトレンコはロシア人で、以前から私も注目していました。

私が二〇〇四年にベルリン国立バレエ団に入団したとき、ペトレンコはコーミッシュ・オペラの首席指揮者として活躍していました。まだ世界的には無名でしたが、二〇〇五年に初めてオペラを見たとき、これはタダものではないと思いました。その後何回か演奏会を聞きに行きましたが、毎回素晴らしい演奏でした。

時おり街中の本屋やCDショップで見かける普通の人ですが、ひとたび指揮棒を取ると、エネルギーと音楽性に溢れています。ベルリンフィルの芸術監督にはなるべくしてなったと私は思っています。

このようにベルリンフィルには外国出身の指揮者が吸い寄せられるように集まってきます。国籍や宗教、肌の色は関係ありません。その意味でベルリンは真のコスモポリタンだと言えます。

私は自分のパフォーマンスの合間を縫って、ベルリンフィルのコンサートに通い続けました。

モーリス・ベジャールのバレエ作品にワーグナーの『ニーベルングの指環』があります。四時間半の大作で、夕方五時か六時に始まりますが、私の出番は最初の一時間半と最後です。私はこの間にも抜け出してベルリンフィルの演奏会を聞きに行きました。

あるときコンサートが行われるフィルハーモニーホールに着くと、なんとバレエ団の幹部がいるではありませんか。「公演をしているはずの愛美がいる」となり、鉢合わせしてドキドキしました。

コンサートホールから歌劇場までの時間を計算して、いつもギリギリまで音楽を聴いているのですが、あるときはタクシーが捕まらず、最後の出番の直前に劇場に戻った思い出もあります。

音楽とバレエは一体不可分です。あるとき予定された指揮者が体調を崩し、別の若い指揮者が急遽来たことがありました。バレエの指揮はコンサートやオペラより難しく、すべての動きは音の出るタイミングをきっかけとして始まります。

その指揮者は音出しのきっかけをつかめず、音楽が先に行くべきところで止まったまま始まらず、その公演はいまでは笑い話のネタになるほど、思い出深いものとなりました。

それにしても振り返ってみると贅沢な環境でした。ベルリン国立バレエ団での十年間で得た経験が自分の中に蓄えられ、その経験が湧き出て、私の踊りの表現を豊かにしてくれると嬉しいです。

column

ベルリンフィルの歴史

ベルリンフィルはウィーンフィルと並んで、現代最高のオーケストラである。十九世紀後半の創設で、第二次世界大戦中も休むことなく演奏活動を続けた。しかしベルリンの街は破壊され、フィルハーモニーホールは爆撃を受け、団員も散り散りとなった。

戦後、ナチとの協力が疑われたフルトヴェングラーが晴れて復帰すると活動を活発化させ、ベートーベンの交響曲を中心に数々の名演を残した。フルトヴェングラーの後を継いだヘルベルト・フォン・カラヤンは精力的に録音活動を行ったほか、団員による室内楽活動を奨励した。

カラヤン率いるベルリンフィルは一九五七年以来九回の来日公演を行い、そのたびにカラヤン旋風を巻き起こした。二〇一九年のシーズンからサイモン・ラトルの後を継いで、キリル・ペトレンコが芸術監督に就任する。

第七章　マラーホフという天才

マラーホフと日本

私が初めてマラーホフを見たのは、一九八五年にボリショイバレエ学校が来日公演をしたときです。マラーホフが十七歳のときで、彼にとっても初めての外国でした。飛行機と船を乗り継いで来たそうです。

それ以来、マラーホフの来日は百回を超え、第二の故郷といってもいいかもしれません。いまでも町を歩いているとサインを求められたりします。

マラーホフは日本について、自伝で次のように語っています。

「私は日本がとても好きだ。初めて日本に行ったのは一九八五年のボリショイバレエ学校公演のときだった。その二年後、モスクワ・クラシックバレエ団のプリンシパルとして行くことになった。以来ゲストとして五十回を超す公演を行っている。日本では灰色の冬の後に、春は、桜や桃の花が咲き、山や野や庭は色とりどりに染まる。夏は六月の終わりから始まるが、七月最初の三、四週間は梅雨で湿度が高く蒸し暑い。劇場の外は確かに熱気が顔を叩くように暑いが、私にはうれしかった。私の体――筋肉や皮膚――には湿度が高いのはとてもよく、快適なのだ。まるで私はみずみずしいバラの花になった気分になる」（『マラーホフ』文園社）

マラーホフはステージに立つべき人です。私生活では気取らず、少年のようで、家にいるとスマートフォンでゲームをしたり、料理をしてリラックスしています。私にとってマラーホフは人間的にも芸術的にも尊敬できる存在です。

あまり外に出ることを好まず、家でゆっくりするのが大好きで、寂しがり屋です。舞台に立つとどうしてあれほど輝くのかと不思議です。日本での公演も大好きで、終わった後の心地よさは格別なようです。

日本に来ると、食事とショッピングに行くのが好きです。お気に入りは、かに道楽と焼き肉屋、それに店内で魚を釣って料理してくれる店です。フグもウニも大好きです。私生活は舞台と違って、のんびり過ごすのが大好きで、外にも出なければ音楽会やバレエにもあまり出掛けません。

日本料理やファッションについて、自伝で次のように語っています。

「日本料理も大好きだ。滋養があり、健康的で、軽いところがいい。すし、のり巻き、刺身その他のおいしい惣菜、そばやうどんの麺類や魚介類。とりわけ日本では極上の肉を食べる。それは口の中で、まるでアイスクリームのように溶けるのだ。ビールも飲む。日本料理は素晴らしい調理法だけでなく、小さな芸術品のように盛り付けてあり、目の保養にもなる。私は視覚的な人間だと思う。動きに幾何学的なラインがある振付を素晴らしいと思う。素晴らしい洋服のデザインには無駄なラインがないというのと同じだ」

天才ダンサーの素顔

舞台の上のマラーホフは百年に一人の天才と言えるでしょう。すべてを神から与えられ、壁に突き当たっても絶対に引かず、それを乗り越える魂を持っています。

あれだけ何度も舞台に立っているのにとてもナイーブです。舞台で緊張しているのが手に取るようにわかります。出番の前にはいつも「大丈夫か?」と聞いてくるので、「パーフェクト!」と答えると安心します。

自伝でもこう語っています。

「舞台前はいつも、とてもナーバスになり緊張する。しかし幕が開いたとたん、緊張がポジティブな創造エネルギーに変わり、役の中にするりと入りこんでしまうのだ」

私はベルリン国立バレエ団でマラーホフの三十五歳から四十五歳の間を日常的に見てきました。

舞台で見た二十五歳から三十五歳は彼の美貌や体のラインが魅力でしたが、三十五歳から四十五歳はそれに加えて内面の表現です。体から湧き出てくるような感情表現です。『ジゼル』など、百回見ると百回とも違います。

舞台上でのマラーホフは、日常とはまったく異なるマラーホフなのです。

「舞台に立てば、私にとっては想像力、物語、雰囲気しか重要ではない。絵を見てその世界に入ってしまうというのと同じだ。舞台上の私を取り巻くすべては、暗闇にあるオーケストラボックス、演奏者、観客席、観客も私にとっては森や海の一部だったり、そのときのシーンの一部だったりする。そして観客に私のエネルギーを伝え、それを感知し、自分の魅力にひきつける。そしてその成果を観客の拍手喝采で実感するのである」

マラーホフは自分の生活習慣についてはこう述べています。

「公演が終わると私は何本かの電話をかけて心地よいレストランを探し、まず何か飲む。血中のアドレナリンを下げるように、大量に飲む。するとお腹がすいてくるのだ。たいていは魚やサラダ、七面鳥だ。食べすぎたり消化がよくないものを食べたりしはない。が、私の体型は食べ物で決まるのではなく、心構えのせいであると思う。なぜなら、エネルギーの保持は、とりわけ精神的なことだから」

column

ウラジーミル・マラーホフ

一九六八年ウクライナ生まれのバレエダンサー。十歳でボリショイバレエ学校に入学、十八歳でモスクワ・クラシック・バレエ団に入団し、最も若くしてプリンシパル（トップダンサー）となった。ソ連崩壊後の一九九一年にロシアを離れ、一九九二年にウィーン国立歌劇場バレエ団のプリンシパルとなったのを皮切りに、カナダ国立バレエ、アメリカン・バレエ・シアターなどともプリンシパルとして契約した。

二〇〇四年にベルリン国立バレエ団の芸術監督に就任、以後、二〇一四年までの十年間で同バレエ団を世界最高の地位にまで引き上げた。

現在も現役のダンサーとして活躍するほか、振付家としても精力的に活動している。

芸術監督という困難

マラーホフはベルリン国立バレエ団の芸術監督としてドイツでのバレエを再興したと言っても過言ではありません。しかし芸術監督というのはとても難しい仕事です。

私も歴代、何人かの芸術監督と仕事をしてきましたが、重点の置き方がそれぞれ異なります。アメリカでは芸術監督はまず予算を獲得することが最重要事項です。ドイツの場合は国の予算がある程度組まれており、むしろ年間のレパートリーを決める仕事が優先します。ベルリンだと年間四つくらいの新作を上演しますが、だれのどの作品を、どの日程で上演するか決めなければなりません。

劇場使用の優先権はオペラにあるので、オペラの合間を縫ってスケジュールを組みます。もう一つの大きな仕事がダンサーの選抜です。反乱や混乱が起こらないようにしなければなりません。マラーホフは自分が理想とするバレエ団に仕上げるために、みんなの不満が出ないように少しずつ手を入れていきました。ある意味ですべての権限を握っていました。

一年目に何人か入れ替え、二年目、三年目には自分とともに世界で踊っていたダンサーを集めたのです。

マラーホフ、バレリーナたちとスタジオで

レパートリーは広くなり、観客もどんどん増えていきました。世界的なバレエ団となって、日本からも招へいされるほどになりました。

マラーホフは大変優しく、だれかをクビにしなければならない日は、人生で一番悲しい日だと話していました。監督として厳しいことを言わなければならないときは、彼にとって苦しいことだったようです。

アメリカはスポンサー主義です。スポンサーをどれだけ集めるかが芸術監督の手腕とも言えます。芸術監督がスポンサーと食事をともにしながら話をするのはわかりますが、本番さえ見に来ない監督もいます。本番に来ないまま教師の意見だけを聞いて、ダンサーをやめさせたこともありました。ダンサーとの距離感は大切で、一歩間違うとバレエ団が崩壊することもあります。

私たちダンサーの立場で見ると、マラーホフ時代のベルリン国立バレエ団は素晴らしかったと言えます。資金を集める必要はありませんでしたし、マラーホフ自身がアーティストとして第一線で活躍しており、朝から晩まで私たちと一緒にスタジオにいました。

逆に事務的なことをドイツ人のスタッフに任せきりでした。

マラーホフは本当に優しい人で、例えば私がダヴィド・ゲリンガスとの『バッハプラス』に出演するために、「一週間休みがほしい」というと、最初は「ノー」と言っていても、最後は「わかった」と言って休暇届にサインしてしまうこともありました。

ベルリン国立バレエ団が統一された日からマラーホフの退任まで見てきましたが、本当に素晴らしい十年でした。退任した後も「マラーホフを呼び戻せ」という声が彷彿と沸き上がったほどです。

振付師マラーホフ

マラーホフが最初に振付をしたのはウィーン国立歌劇場での『ラ・バヤデール』です。ほかにも『白鳥の湖』、『ラ・ペリ』、『シンデレラ』、『仮面舞踏会』などの振付をしています。『ラ・ペリ』は思い出深い作品です。マラーホフは作曲家のブルグミュラーが好きだと言っていました。『ラ・ペリ』はオペラ座で約百七十五年前に初演していて、失われた作品で、マラーホフは何枚か残っていたポスターから復活させ、選曲も行いました。

ベルリンで上演すると大好評で、後にキエフ国立バレエ学校でも二幕を上演することになり、振り写しを行いました。北京での上演も大成功だったことはご紹介しました。

マラーホフの振付はクラシックとネオクラシックが主流で、モダンやコンテンポラリーの新しい作品の振付はほとんどありません。すでに存在するものを改訂し、彼の中にあるクラシックバレエの要素や経験を生かして振り付けます。

二〇一七年、クロアチア国立バレエ団で上演するために『白鳥の湖』の振付をしたときには本当に勉強になりました。遅い夕食の後、夜中でも急に立ち上がって振付が始まったこともありました。一つのステップを作り上げるのにこれほど時間をかけるのかと頭が下がる思いでした。私は振付・演出のアシスタントを務めました。

マラーホフはダンサー人生で、二十四種類の異なる『白鳥の湖』全幕を踊ったそうです。マラーホフは何度も手本を見せますが、その一つひとつが鳥肌の立つようなパフォーマンスです。「白鳥」、「王子」、「ロットバルト」などを演じても、立ち姿を見ているだけで世界に引き込まれてしまいます。マラーホフは何十回でも踊って見せるので、リハーサルをしているダンサーにとっては、大変充実した時間と空間になります。

「今日は気分が乗らない」と言っていても、夜の十一時くらいになるとむくっと立ち上がって、ステップを考え、私がビデオを撮り始めます。それが一時くらいまで続いて、十秒くらいの振りでもあれこれやってみて、次の日に反映させます。

急にインスピレーションが湧いて、数分の振付が一時間でできたこともあります。基本的にマラ

クロアチア国立バレエ団終演後。中央に大統領

ーホフはフォーメーション、つまりコール・ド・バレエ（群舞）の立ち位置など、型を大事にします。

私が自分に振付をするときは、演出から衣装まで全部自分でやりますが、マラーホフは振付が主で、衣装やセットは信頼できる人に任せます。

音楽についても大変敏感で、こだわりがあり、納得がいくまで曲や長さ、アレンジなどを構成します。

クロアチアのザグレブで三月十七日に行われた本番は大成功で、満員の観客の「ブラボー」に包まれました。終演後、コリンダ・グラバル・キタロヴィッチ大統領が舞台に上がりあいさつするという前代未聞の出来事もありました。

二カ月間、マラーホフとダンサーは一体となってリハーサルを続けてきたことから、終演後はダンサーたちがみんな涙で別れを惜しむほどでした。

才能の宝庫、キューバ

私にとってキューバは大変遠い世界でしたが、マラーホフが始めた「グランプリ・ウラジーミル・マラーホフ」というプロジェクトで、キューバに行くことになりました。すでに四回目を数えています。

キューバでは給料が月十五ドル、賞金が出るので、ダンサーたちは命がけで作品を作り、バレエシューズがなくても裸足で踊ります。裸足で足の皮が擦りむけても踊り続けます。ダンスに寄せる魂の深さを感じさせます。

まだ配給制度が残っており、馬車の荷台には何十人も乗って移動しています。貧しいけれどハッピーな国で、豊かさとは何かと考えさせられました。自分のロシア時代を思い起こしました。

一回目に行ったときは首都のハバナからオルギンという街に向かいました。直行便が週に二便しかないので、ハバナに一泊しました。

ハバナに着くと車が迎えに来ていましたが、作業用の車のようでした。ホテルの部屋はまるでモスクワ時代の寮のようでした。まわりには若い人たちがたくさんたむろしていました。というのもホテルのまわりはホットスポット（ネットポイント）になっていて、高額ですが、プリペイドカードでインターネットの接続ができるのです。

直前になり、私の便だけが夜の便となっていることがわかりました。空席がなかったので仕方なくハバナに残り、一日観光して、夜の便に乗るために空港に行きました。空港では紙切れを一枚渡されただけで、搭乗口もはっきりせず、案内もありませんでした。

待てど暮らせど案内もなく不安になりましたが、大統領機が出発するのを待っていたようです。配給されたあめ玉一つを口に入れ、ただひたすら待つしかありませんでした。

マラーホフはかつてキューバでパフォーマンスをしたときに、この国をサポートしたいという思いがわきました。以前に立ち上げた「マラーホフ・ファンデーション」（マラーホフ基金）は、子どもたちやけがで困っているダンサー、貧しいダンサーたちを助けたいという思いからでした。そして「マラーホフ・ファンデーション」を通して、キューバのプロジェクトを実現したのです。

キューバの人たちのパフォーマンスを見たときは、涙が出るほど感動しました。ハングリー精神に富み、身体能力は高く、アイデアが自然に溢れ出し、まさに魂の踊りです。キューバには才能が溢れています。技術がどうとか、ポジションがどうとか、手の高さがどうだとか、そうしたものを超えた魂が伝わってくるダンスでした。

コンクールにはキューバ中からダンサーが集まります。旅費を含めてすべてマラーホフが負担します。カンパニーで来る人たち、個人で来る人たち、一回に百人以上は集まります。

マラーホフはスーパースターです。町を挙げてのイベントになっていて、テレビでも毎日放送されます。

クラシックはほとんどなく、オリジナルな作品で競い合います。予選が行われる劇場は本当にコウモリが出る古い劇場で、衣装もなければ照明もありません。ろうそくの火を灯しながら練習するダンサーの姿は本当に感動的です。

昼間行われる予選を通ると、本選は夜、照明付きの劇場でパフォーマンスを披露します。予選と本選が並行して進みます。

ようやくアメリカとの国交が開かれようとする時期でしたが、大自然がそのまま残っていて、人々はバナナを食べて暮らしていました。夜中の二時くらいになっても人々はろうそくの火を灯して、街中でおしゃべりしています。でも朝七時には仕事が始まり、動物の肉が皮をはがされたまま吊るされて売られていたりします。レストランで食事をするのは年一回の一大イベントです。

キューバに埋もれている才能を海外に出せばいいのにと心から思います。音楽もローカル色が濃く出ていて、ほとんど見たことも聞いたこともないような素晴らしいものばかりでした。私にとっては、すべてが新鮮でした。

キューバに行き始めて二年目のときに、町に出てみたら前日は開いていなかった店が、その日は開店していました。何を売っているのかのぞいたら、タマゴでした。タマゴを二十個くらい紙に包

キューバの街角でパフォーマンスに参加

んでいました。配給の日だったのです。

私はこの情景を見て、一九九二年頃のロシアを思い出しました。当時はタマゴが貴重品だったので、バスの中でタマゴを持っている人がいると、まわりに輪ができるほどでした。

アメリカとの国交が正常化され、変化に注目していましたが、空港にアメリカン航空の大きな広告が貼られた以外、大きな変化はありませんでした。

人々は相変わらず馬や牛で移動し、劇場にはまだコウモリがいました。ダンス会場を覗くと、相変わらず電気もありませんでした。

キューバの人たちの才能あふれる魂のダンスもまったく変わっていません。私はキューバのオルギンで、日本人として初めてガラ・パフォーマンスで踊りました。

キューバとアメリカの国交回復

二〇一四年十二月、オバマ大統領とキューバのラウル・カストロ国家評議会議長は電撃的に国交正常化交渉を開始すると発表した。

二〇一五年には相互に大使館を開設、二〇一六年にはオバマ大統領が現職の大統領として八十八年ぶりにキューバを訪問した。

一九六二年、ソ連がキューバに核ミサイル基地の建設を始めたことから、アメリカはカリブ海で海上封鎖、米ソの対立は全面核戦争寸前にまで緊張が高まった。

一九八九年東西冷戦が終結した後も、キューバは中国、朝鮮民主主義人民共和国、ベトナムとともに社会主義体制を維持した。

主要な産品は砂糖だが、国際価格の下落で経済は低迷している。またトランプ政権はキューバに厳しい姿勢を取っており、先行きは不透明だが、ヨーロッパと中国資本の進出が増えているほか観光資源が見直され、ヨーロッパなどからの観光客は増加している。

ラスト・パフォーマンス

私のベルリン国立バレエ団での最終公演は、マラーホフの引退公演とも重なりました。二〇一四年の引退公演には世界中からマラーホフのファンが集まりました。チケットは半年前に売り切れました。演目は六月十三日が『カラバッジョ』、六月十四日が『チャイコフスキー』で、改装中のベルリン国立歌劇場ではなくシラー劇場で上演されました。プリンシパル総出演のキャスティングは、これが最初で最後でした。

公演の幕が上がる前から、ステージと会場は特別な雰囲気でした。世界中からマラーホフの友人たちが駆け付け、新聞やテレビが取材に来て、劇場はエネルギーに包まれました。

『チャイコフスキー』は全二幕で、チャイコフスキーの生涯を描いた作品です。主役のチャイコフスキーをマラーホフが演じ、私はチャイコフスキーの家族など複数の役をこなしました。踊りながら十年間のさまざまな思いがこみ上げてきて、涙を抑えることができませんでした。

第一幕はチャイコフスキーの交響曲第五番が使われています。第一楽章ではチャイコフスキーを見守る家族の役で、第二楽章は早替えして、チャイコフスキーが『白鳥の湖』の構想を練っているシーンで白鳥を踊りました。

第四楽章はチャイコフスキーのパトロンだったフォン・メック夫人との関係に冷ややかな目が注がれるなか、次々と曲を書き上げるチャイコフスキーの姿が描かれています。

第二幕は『イタリヤ奇想曲』や『弦楽セレナード』で構成され、最後の死は交響曲『悲愴』で終わります。オーケストラは国立歌劇場管弦楽団の生演奏です。オーケストラピットから湧き上がってくる音楽で踊るのは至福のひとときです。

マラーホフの演技はまさに熱演でした。体全体、顔の表情、すべてからマラーホフのメッセージが伝わってきました。一瞬一瞬がすべて目に焼き付いています。

マラーホフ最後の公演『チャイコフスキー』で

パフォーマンスが終わり、幕が降ろされると、観客からは叫びともつかぬ大歓声が沸き起こりました。なかには垂れ幕をかざす人もいました。そこには「We love VLADIMIR」、「DANKE VLADIMIR（ありがとう、ウラジーミル）」と書かれていました。拍手は五十分以上鳴りやまず、シラー劇場は深い感動の嵐に包まれました。

私たちはちょっとしたサプライズを計画しました。マラーホフが一人でお辞儀をしたところで音楽が鳴りだし、マラーホフが振付をした『ラ・バヤデール』、『眠れる森の美女』、『シンデレラ』、

『ラ・ペリ』の衣装を着たダンサーたちが登場し、出演したダンサーやスタッフ全員とともに、一人ひとりが花束を手渡しました。

ステージが百人以上のダンサーたちで埋まると、天から金の吹雪が舞い降りてきました。マラーホフの母親も舞台に上がり、肩を抱き合いました。

マラーホフは涙を見せまいと、時おり客席と反対側を向き、大きく深呼吸しているのがわかりました。その姿をだれも忘れることはないでしょう。

私の母も日本から駆け付けてくれました。マラーホフ最後の舞台はしっかりと私の心に刻まれています。

column

『チャイコフスキー』

一九九三年にボリス・エイフマンが発表し、マラーホフのために改訂されたバレエ作品。発表当初、チフスで亡くなったチャイコフスキーの悲劇的な部分を強調しすぎると批判を受けたが、現在は芸術家の魂に焦点を当てた作品として確立した。

チャイコフスキーの分身、家族、メック夫人、それに『白鳥の湖』や『くるみ割り人形』の主人公が次々と現れる設定で、マラーホフのアクロバティックなダンスにファンの人気が集まっている。

マラーホフとデュエット

二〇一四年にマラーホフは引退し、私もベルリン国立バレエ団を退団しました。引退後マラーホフは、休養したいと考えていたのでしょう。レッスンもしないとおっしゃっていました。

私は二〇一七年度から、神戸女学院大学の音楽学部音楽学科舞踊専攻の客員教授をしています。それがきっかけで、神戸女学院大学の教授で振付家の島﨑先生の作品を踊ることになったのです。島﨑先生からは、「振付から練習を入れて二、三週間は必要だ」と言われていました。マラーホフに「三週間来られますか」と聞いたところ、「空けておく」ということでしたので準備が始まりました。

演目はブラームスの室内楽を使った『Absence of Story』という九分ほどの作品です。マラーホフがそれまで手掛けたことのないようなコンテンポラリー作品で、島﨑先生の振付です。ストーリーはブラームスがシューマンの妻のクララに恋をしたけれど、永遠に報われなかったという内容で、ブラームスの生涯と重ねたものですが、ストーリーがあるようでない作品です。

マラーホフにとっても新鮮だったのか、これほどリハーサルに打ち込む姿を久しぶりに見ました。マラーホフのリハーサルはきわめて過酷で、ついていく私も必死でした。マラーホフが全力でかかってくるので、私も食らいつこうとしますが、これまでやったことのない動きもたくさんあって、必死でした。

ベルリン国立バレエ団の芸術監督まで務めた大スターのマラーホフが、ここまでやるかと思いました。あるときは私のリフトの乗り方が悪く、彼の上に乗ったまま倒れてしまいましたが、彼はできなかったところを一回、もう一回と、二十回でも三十回でも繰り返すのです。

マラーホフとデュエット。撮影：岡村昌夫（テス大阪）

私のできが悪く、島崎先生が「ここは大変なので変えますか」とおっしゃっても、決して譲りません。

「愛美が無理だと言ったところは絶対に変えない、絶対に。必ずやる」

自分で自分をプッシュしながら克服していきます。バレエ団にいるときには見たことがないマラーホフの一面を見た気がしました。

普段は優しい人でしたが、この二週間はものすごく厳しく、二百パーセントの力でかかってきた感じです。ダンサーとして、あるいは振付家として、強い精神で壁を乗り越えてきた姿を目の当たりにするようでした。

マラーホフにとってもすべて新鮮なチャレンジだったようです。ゲネプロのときに、床がすべる感じで、私が落ちてしまいました。マラーホフは責任を感じて、その日は眠れなかったそうです。
こうしてマラーホフとのデュエットは無事に終わりましたが、この三週間は、私がダンサーとして自分の殻を破る貴重な経験となりました。

column

島﨑徹

日本の振付家。カナダで舞踊全般を学び、一九九九年と二〇一一年にローザンヌ国際バレエコンクールの審査員を務めた。とくにコンテンポラリー課題曲の振付を担当した。島﨑の振付作品はカナダ、ベルギー、アメリカ、スイスなど世界各地のバレエ団のレパートリーとなっている。現在、神戸女学院大学教授。

第八章　コラボレーションの喜び

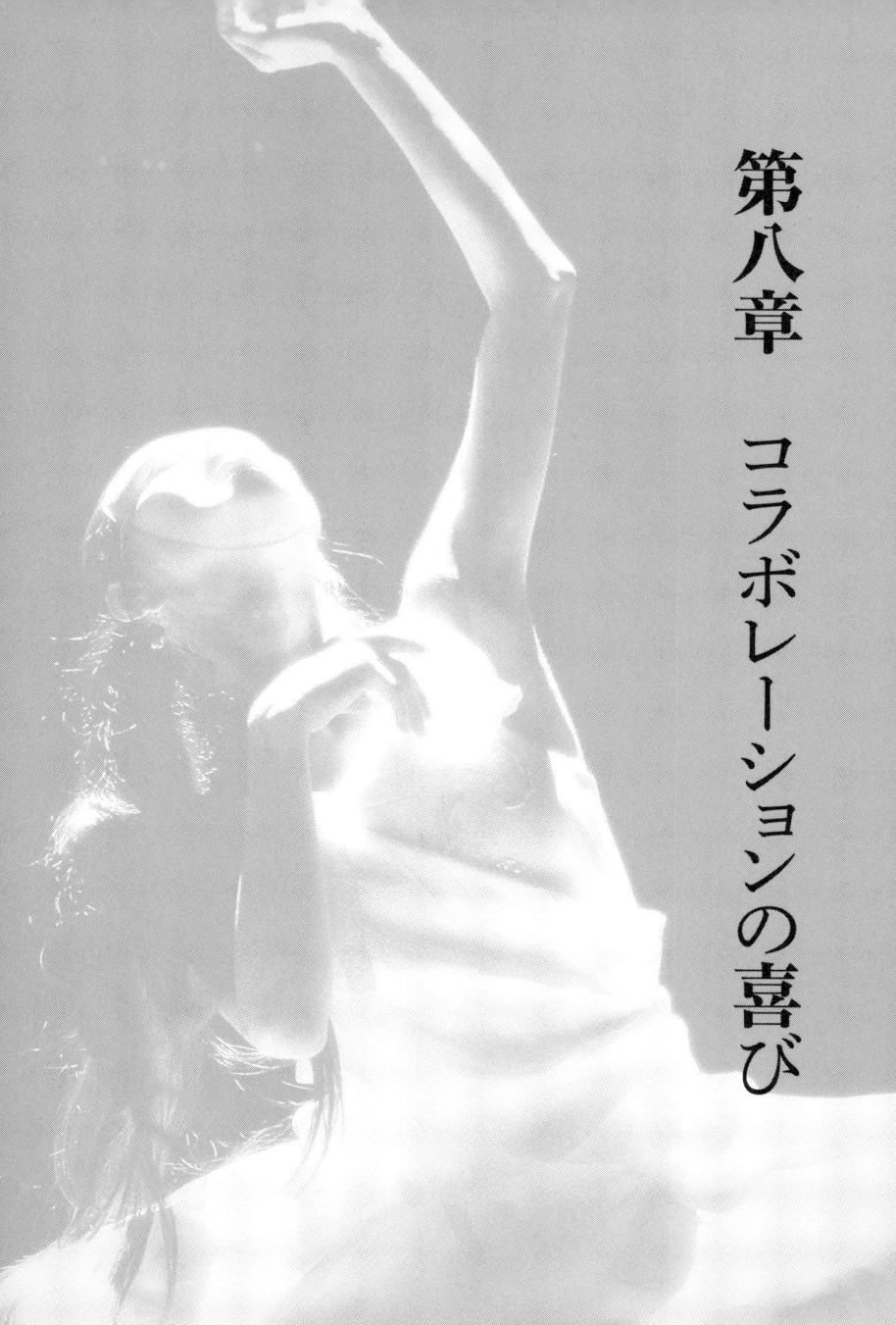

プリセツカヤとの出会い

二十世紀最高のバレリーナと言われたマイヤ・プリセツカヤとの出会いは、彼女が来日して踊った『瀕死の白鳥』を見たときです。私がまだ子どもの頃で、テレビでも見ました。私の中にはプリセツカヤのイメージが出来上がっていました。

ロシアから初めてパリに出て、コンクールに参加したときのことでした。モスクワでは毎日が生きるか死ぬかの戦いで、道端に横たわっている人をまたぎ、「今日も撃たれませんように」と祈りながら暮らしていました。初めて見るヨーロッパの姿に感激していました。

コンクール最終日の表彰式にプリセツカヤが来ていました。彼女が審査委員長でしたが、とても話しかける勇気はありませんでした。彼女はもちろん私が踊ったところを見ています。

大統領官邸で行われたパーティで見たプリセツカヤは、ドレスを着て本当に美しくエレガントでした。

私から近づくことはできず、そわそわしているところに彼女の方から近寄ってきて言葉をかけてくれました。そのときに言われたことは、「踊ることをひたすら続けなさい。どんな舞台でも踊って踊って踊りなさい」という言葉です。

またヨーロッパに出ることについても、「やってみたらいいでしょう」とアドバイスをくれたのです。これがプリセツカヤとの出会いでした。

プリセツカヤのご主人は作曲家で、ベルリン芸術アカデミーの正会員でした。そこでのイベントが何回かありました。

二〇〇九年にはプリセツカヤの『ドン・キホーテ』や『瀕死の白鳥』などの映像を見た後、トークショーが行われました。ベジャールと一緒に作品を作り上げたときのエピソードや『ボレロ』を踊ったときの話、ボリショイ時代の秘話など、内容の濃いイベントでした。八十四歳とはとても信じられない美しさで、しかもユーモアたっぷりな話に会場は大喜びでした。

あこがれのマイヤ・プリセツカヤと

最後に拍手喝さいを浴びると、美しい手でポール・ド・ブラ（腕の運び）を見せてくれるなど、大サービスでした。イベント後のパーティで見たプリセツカヤはさらに美しく、赤ワインの入ったグラスを片手に談笑していました。私は話しかけるかどうか迷っていましたが、一人で腰かけたタイミングを見計らって、近づいて話しかけました。

パリのコンクールはもう十三年も前のことなので、覚えているかどうかわかりませんでしたが、「あのときの日本人です」というと、「あっ」と声を上げられて、「いまはどこで踊っているのですか』と聞かれました。

「ベルリンで踊っています」と言うと、そのときも同じことをおっしゃっていました。

「ダンサーの命は短いからどんな舞台でも踊って踊って踊るのよ」

その言葉が印象に残っていて、その後何を話したか覚えていません。変わらぬオーラを出していらっしゃいました。

column

マイヤ・プリセツカヤ

一九二五年生まれの二十世紀最高とも言われるバレリーナ。ユダヤ人家庭に生まれたが、エンジニアの父親はスターリン時代の粛清によって死去、女優だった母親もカザフスタンに強制移住させられた。叔母に引き取られてモスクワのバレエ学校を卒業した後、ボリショイ・バレエ団に入団した。『白鳥の湖』や『眠れる森の美女』で高く評価され、特に『瀕死の白鳥』は他の追随を許さない完ぺきな演技で人々を魅了した。

旧ソ連時代は反ユダヤ主義的な風潮の中で、海外公演が認められなかったが、一九五九年、西側世界に初めて登場するとバレエ界に大きな衝撃を与えた。

ガリーナ・ウラノワが引退した後、ボリショイ・バレエ団のプリマバレリーナとなり、バレエだけでなく映画などにも出演した。六十五歳でボリショイ・バレエ団を引退した後も、二〇一五年に八十九歳で亡くなるまで芸術活動を続けた。

日本との関係も深く、来日は四十回以上にも及んだ。二〇〇六年、高松宮殿下記念世界文化賞を受賞したほか、二〇一一年には旭日中綬章を受賞した。

コラボレーションの喜び

人のつながりは不思議なものです。ベルリンでお世話になったNHKの方が日本に帰ることになったので、食事をしようということになりました。ベルリンにある「串乃家」という店に入ったところ、壁にプリセツカヤとロストロポーヴィッチ、それに店のオーナーが一緒に写った写真が貼ってありました。

するとオーナーらしき人が入ってきたので、「すみませんが……」と声をかけ、「プリセツカヤとロストロポーヴィッチの写真がありますね」と切り出すと、「そうなんです」と話が弾み始めました。オーナーはチェロが大好きな方で、なんと日本で「一〇〇〇人のチェロ・コンサート」を主宰している方でした。話が進むうちに、「次のコンサートは広島ドームでやるので、ぜひ来てください」ということになりました。広島でのコンサートの指揮者はロストロポーヴィッチの後継者で、リトアニア出身のダヴィド・ゲリンガスです。

私はゲリンガスの演奏が大好きでした。ベルリン国立歌劇場での『火の鳥』の本番終了後、コンサートホールまでの四百メートルをメイクしたまま衣装を脱ぎ捨てて、走って聴きに行きました。開演まで五分しかありませんでした。エルガーのチェロ協奏曲を初めて生演奏で聞いたのですが、そのときのチェリストがゲリンガスだったのです。

広島に行くかどうかギリギリまで迷いましたが、父を誘っていくことに決めました。演奏会が終わるとオーナーからパーティに呼ばれ、会場に行くとゲリンガスがいらしていました。

自然にベルリンの話になりました。彼の奥さんも一緒でしたが、なんとお母様がボリショイ劇場で働いていたことがわかり、さらに話は盛り上がりました。

宴もたけなわになったころ、今度はオーナーがパーティの場を借りて再婚を発表しました。私とゲリンガスでサプライズのプレゼントをしようということになり、私は白鳥の衣装を着て、ゲリンガスのチェロに合わせて『瀕死の白鳥』を踊ったのです。それがゲリンガスとの最初の協演でした。

ゲリンガスとのコラボレーション

そのときはお互いに名刺を交換して終了しました。私たちアーティストはたくさんの人たちと協演するので、頻繁に連絡を取ることはありません。

ところがこのときのことがゲリンガスの頭に残り、二〇一二年に初めて本格的な協演につながるのです。振り返ってみると、「串乃家」にプリセツカヤとロストロポーヴィッチの写真が貼ってなければ、私たちの協演はあり得なかったのです。

一〇〇〇人のチェロ・コンサート

阪神淡路大震災の復興支援と世界平和を願って、一九九八年十一月、神戸で第一回が開催された。「ベルリンフィル十二人のチェリスト」の創設者でもあるベルリンフィルのルドルフ・ヴァインスハイマー氏らが参加、二〇一五年には東日本大震災からの復興を願って、第五回のコンサートが仙台で行われた。

ダヴィド・ゲリンガス

リトアニア生まれのチェロ奏者で、一九六三年にモスクワ音楽院に入学、ロストロポーヴィッチに師事する。一九七〇年のチャイコフスキー国際コンクールで優勝、ドイツやハンガリーなどで音楽活動を開始した。

その後ベルリンフィルはもちろんのこと、ウィーンフィル、パリ管弦楽団、ロンドン交響楽団など世界の主要オーケストラと共演、シュニトケやクバイドゥーリナなど、前衛的な作曲家の作品も多く取り上げている。またオーケストラ指揮者としても活動している。

ゲリンガスとのコラボ

一年ほどたったとき、ゲリンガスから突然電話がかかってきました。「愛美、いますぐ話がしたい。明日来られるか」と聞かれたので、「公演の合間を縫っていきます」と返事をして、翌日自宅を訪ねました。

自宅に着くと玄関に着く間もなくゲリンガスが「とにかくこれを聞いてくれ」とCDを持ってきました。奥さんがお茶を用意している間に、「すごいアイデアがあるんだ」というのです。

ゲリンガスのCDはたくさんの賞を取っていて、新聞の批評には「彼の演奏するバッハはまるで踊っているようだ」とありました。「それで思いついたんだが、愛美のダンスとコラボしたい」というのが彼のアイデアでした。

私は「イエス・シュア（もちろん）」と即答しましたが、それまであまりコラボしたことはありませんでした。そのCDは『バッハプラス』でした。クラシック音楽界でのゲリンガスのポジションは非常に高く、やると決めたらすぐに具体化します。

数カ月後に行われるリトアニアでのコンサートは、ゲリンガスがプログラムを決める権限を持っていました。『バッハプラス』にダンスが加わるプロジェクトで、私はバレエ団の予定も聞かないまま、「大丈夫」と答えましたが、これがすべての始まりです。

曲目はゲリンガスが決めました。私がダンスを振り付けていくのですが、彼が音楽的に融通を利かせる部分と、どうしてもこうしてほしいという部分を合わせながら、作品を作り上げていきました。

曲はバッハだけでなく、彼が尊敬するリトアニアの作曲家や東側出身で迫害を受けた作曲家の作品が並びました。また「嘆き」や「原爆」についての曲もあり、ゴングを使って表現するなど、彼の自宅でリハーサルが重ねられていきました。

彼が選んだ詩を私が日本語で、彼がドイツ語で朗読したり、海の音のような音楽では、「ざざっ」と音がする楽器を演奏したり、さまざまなアイデアを重ねました。

私はバッハの偉大な無伴奏チェロソナタをどのように踊るのか、とても悩みました。バッハという西洋音楽の帝王の曲にどのようにバレエを付けるか、またゲリンガスという巨匠の音楽性を傷つけず、邪魔せず、しかも気高く表現できるか、工夫が必要でした。ゲリンガスはダンスの中身や衣装についてはほとんど何も言いませんでした。

バッハは自分で振り付けているので、時とともに毎回変化します。バッハの沈黙の瞬間は動きません。彼のイントロを待って、それを感じたときに足を出すのです。その掛け合いが面白く、あるときは一秒、別の日には二秒と変化します。生の音楽と舞踊の一瞬の呼吸の合わせ方が、コラボレーションの醍醐味です。

リハーサルは彼の自宅と、ドイツオペラを空いている時間に使わせてもらいました。何度かスタジオを締め切ってゲネプロを行いました。演出などアーティスティックな部分はすべて私に任せてくれましたが、音の取り方や感じ方については注文がありました。

例えばリトアニアの作曲家の作品で、戦争の嘆きとか、ペリカンが赤ちゃんを運んでくる場面など、楽譜にはピチカートしか書かれておらず、「リズムとタクトに合わせて踊ってほしい」というような要求がありました。バッハの曲についても同様です。

二時間のパフォーマンスを初演したのはリトアニアです。最初にリトアニアに行くときは、ゲリンガスがチケットを手配してくださり、ラトビア経由で行く予定でしたが、ラトビアで飛行機がキャンセルされて、バスで行く羽目になりました。

バスはボロボロでリトアニアのビリニュスに着いたのは夜中の一時を回っていましたが、ゲリンガスは待ってくれていました。リハーサルは翌日一回行いました。

会場は素晴らしい教会でした。リトアニアに発つ前にゲリンガスから「白鳥の衣装を持ってきてくれ」と言われていました。下見の後、ロストロポーヴィッチを記念する式典があり、私もリトアニアの首相の前で踊ることになりました。

『バッハプラス』の本番は大きな教会で行われましたが、まるでコンサートホールのようで、テレビで全国に生中継されました。リトアニアの三カ所で上演した後、ドイツのパッサウ音楽フェスティバルなどでも上演しました。

　その後日本でも四回ほど上演、とくに仙台では東日本大震災があったことから、チャリティにしました。仮設住宅を訪れて、お年寄りや初めてバレエを見る人たちにも披露しました。そのほか神戸、大分、福岡を回りました。

　ヨーロッパでのゲリンガスの音楽的地位は本当に高いのですが、いつも対等に話をしてくださいました。

ロストロポーヴィッチ記念式典で踊る

ゲリンガスとの共演で、私には新しい世界が開けたような気がしました。

ホルムとのコラボ

　共演で忘れられないのはベルリンフィルのバイオリン奏者ホルム・ビークホルツです。私がベルリンフィルに入りびたりだったので、よく団員用のカンティーンと呼ばれるカフェに出入りしていました。カンティーンではベルリンフィルのメンバーがワインを飲みながら、よく音楽の話をしています。

ある日ホルムさんと一緒になることがありました。ホルムさんと話を続けていると、とても日本が好きだということがわかったので、「今度ホルムさんの曲を聴いてみたいし、私がダンスで踊れるかもしれませんね」と言ったところ、さっそくCDを持ってきてくれました。

そして、「この前、踊りとコラボと言っていたよね、どこかでやってみる」という話になり、ベルリンの中央駅プロジェクトで共演することになったのです。

中央駅プロジェクトは駅という空間で、通りすがりの観客に見てもらう芸術イベントで、ベルリンという街で生まれた独特な形式です。公演は夜十時から始まりました。本番は完全な即興で、その場の雰囲気とフィーリングで踊りました。日本をイメージした曲もあり、羽織を羽織った動きも取り入れました。

ホルムの音楽はバッハとはまったく異なり、メロディも決まっておらず、旋律が半音ずつ上がって曼陀羅を表現したり、流れのままインスピレーションが沸き出た音楽です。

このパフォーマンスをホルムがビデオに撮っていて、ベルリンフィルに見せたところ、「面白いな」ということになって、公式に取り上げられることになりました。

ホルムとはその後、ベルリンフィルの本拠地、郊外の教会、博物館でも共演したほか、バーデンバーデンでも上演しました。バーデンバーデンはヨーロッパのリゾート地の一つですが、春には音楽フェスティバルが開かれます。かつてのザルツブルク音楽祭が引っ越してきたのです。

ベルリンフィルでホルム・ビークホルツとのコラボレーション

ベルリンフィルの公式プログラムで、振付、コンセプト、舞台装置、衣装など、すべてを自分で担当しました。四つのまったく異なる曲に、四つの衣装を用意し、音楽のイメージを視覚的に表現する試みで、私にとってとても大きなチャレンジでした。

会場となったフリーダー・ブルダ美術館は、私たちデュオのために貸し切りとなり、私が真っ白な円形の彫刻台に乗って鳥になったり、二階から幕を垂らして曼陀羅のイメージを表現したりと斬新な試みを展開しました。

二〇一四年にはチェリストも加わってトリオになりました。ベルリンフィルのスタッフも三、四人来てくれて、協力してくれました。ホルムは演出については何も言いません。

ホルムが日本に寄せて書いた『四季』は世界初演になりました。「春」、「夏」、「秋」、「冬」から成る音楽です。

曲を聴いたときからステージに日本風の「和」をイメージした空間と、木を使って『四季』のイメージを作り出そうと思っていました。

「夏」はメロディも何もないので困りましたが、虫が飛んでじりじりじりするシーンを、屏風の後ろからペンライトで照らして、まるで虫が飛んでいるような影絵で暑さを表現しました。「秋」は紅葉をイメージした真っ赤なドレスに木枯らしを感じさせる金の衣装をまとい、ノンストップのインプロビゼーションでダンスを踊り続けました。「冬」の場面では雪の中に立つ孤独な鶴を演じ、最後に再び「春」が来て、桜のシーンに戻ってライトが消える演出で締めくくりました。

ホルムの曲をビジュアル化するのは大変難しいことです。ホルムはあまりに斬新なインスピレーションを持っていて、話をするととても楽しい方なのです。

column

ホルム・ビークホルツ

一九五二年生まれでハンス・アイスラー音楽大学を卒業後、一九七六年からワイマール州立歌劇場のコンサートマスターを務めた。

一九八二年にベルリンフィルに入団、フィルハーモニーでの活動の他、室内楽、ソロ、そして作曲家としても活躍中である。

二〇〇六年、安永徹のために『Essenzen』を作曲したほか、針山愛美のために『花の夢』を作曲、針山のダンスとともにベルリンフィルで演奏された。

総合芸術としてのバレエ

あるときは黒人の歌手や画家ともコラボレーションしました。もともと病院だった建物がいまはギャラリーも入る総合施設になっていて、その建物を全部使ってパフォーマンスを行いました。三人に加えてコンピュータの技術者も入り、スト　リ　性のあるパフォーマンスを企画しました。観客を建物の一階から二階に誘導し、通路を登って行って、最後の部屋でコンピュータグラフィックスの効果に繋ぐ移動式のパフォーマンスです。テーマは「トラベリング・ソウル」です。

画家は二階にいて八メートルくらいのキャンバスを持って待機しています。初めに私は観客とともにうろうろしているのですが、突然明かりが消えて私にスポットライトが当たります。白い衣装で踊りだすと、キャンバスが上から降りてきて、私が縁を持って舞い、画家がインクを流しながら私の踊りに合わせて二人で描いていきます。

私がキャンバスを持って動いたりすることで、偶然の模様が描かれていきます。二階では歌手が歌っていて、やがて画家と歌手が戯れながら、上がってきた観客が部屋に入ると、私だけが真っ赤なライトに染まります。画家は青、歌手は黄色に染まります。最新のコンピュータ技術です。とても斬新な試みでした。

シアトルでニューヨークのアーティストとコラボレーション

またプールの底を利用したパフォーマンスも印象的でした。飛び込み台のあるプールで、音響効果に惹かれてベルリンフィルの演奏家も時々来て演奏する有名なスポットです。

水を抜いたプールの底に黒塗りのテーブルを敷いて、私が踊りながら描いていきます。ただし描く材料は本物のフルーツで、リンゴやオレンジが散りばめられているプールの底で、私が踊ることで描かれていきます。観客はプールの上から眺めていて、ダンスが終わると一枚の絵が出来上がっているというパフォーマンスです。

このようにベルリンではどこを歩いてもアートがあります。こうしたパフォーマンスについて、変わっているとはだれも思いません。またそれを見に来る観客もいるのです。

残念ながら日本にはこうした環境があまりありません。いずれ日本に本物のアートの環境を作り出したいと思っています。私の夢の一つです。

第九章　世界のバレエ、日本のバレエ

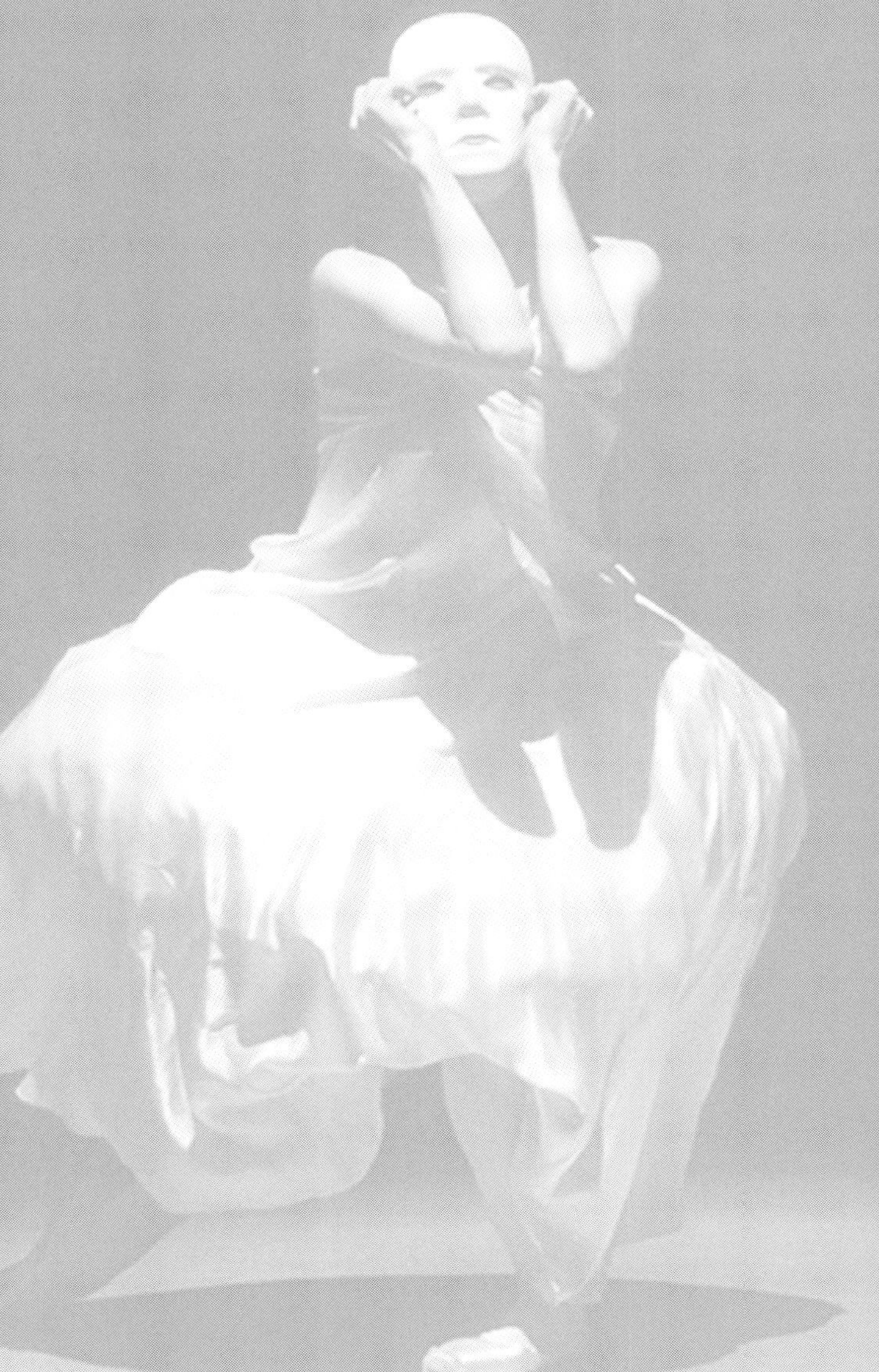

クラシックからモダンまで、**多様なバレエの世界**

世界のバレエの動向を見てみると、ロシアバレエは依然、伝統的な地位を保っています。ボリショイ・バレエとマリインスキー・バレエという二大バレエ団に加えて、レニングラード国立バレエ、ウクライナのキエフ・バレエ団などがあり、来日もしています。

またフランスにはパリ・オペラ座バレエ団、イギリスにはロイヤル・バレエ団があり、アメリカにはアメリカン・バレエ・シアター（ＡＢＴ）など、世界では十くらいの最高峰のバレエ団が活動しています。

新しいバレエ団のなかには、コンテンポラリーバレエやネオクラシックバレエだけを上演するバレエ団もあります。

バレエだけでなく芸術の世界は、資金的なサポートがなければ成り立ちません。その意味で、バレエカンパニーの経営は苦しくなってきていると感じます。

クラシックの伝統があるバレエ団などがモダンを上演するとき、衣装はシンプルになったりレオタードだけなどになっています。また映像などの技術的なエフェクトを用いたり、昔であればシャンデリアや豪華なカーテンを使っていたところを、ミニマム（最小限）なセットで上演する一種のミニマリズムになることもあります。

私が初めてモダンバレエに触れたのは、ドイツのエッセンにいたときです。ロシアを経て初めてヨーロッパに行ったとき、「なに、これ？」と思いました。モダンのクラスもありましたが、ついていけませんでした。

それがボストンやベルリンに来たとき、コンテンポラリーバレエとは言っても、裸足で踊るものや、トゥシューズを履いて踊るものもあり、次第に面白くなってきました。理解はできなくても、「これでいいんだ」と思えるようになってきたのです。

クラシックだと『白鳥の湖』のように明確に役柄が決まっていますが、コンテンポラリーは動きを見て、「面白いな」、「不思議だな」という感覚で、疑問のまま終わってもいいのです。

ダンスだけでなく音楽をどう取り入れていくか、光や照明の使い方や衣装なども幅が広がってきました。当初はモダンと言っても与えられたものを踊るだけでしたが、自分でクリエイトすることにも興味が湧いてきました。

初めは音楽を聴いて、振付を考えても、なかなかうまくいきませんでした。しかし何度か経験するうちに音楽、環境、衣装、道具などを即興で使って体の表現ができることが、面白くなってきたのです。

『白鳥の湖』という魔法

私にとって『白鳥の湖』は、さまざまな思いで何百回となく踊りました。小学校二年のときから『白鳥の湖』の一部は踊っていましたが、初めて全幕を踊ったのはクリーブランド・サンノゼ・バレエ団でした。『白鳥の湖』が踊りたくて、インディアナポリスのバレエ団から移籍しました。最も印象に残っているのは、ロシアで学び、ヨーロッパ、アメリカを経て、レニングラード国立バレエに招待されて踊ったときのことです。

ロシア人のダンサーでも主役を踊るのが難しいなかで、自分が日本人として、また一回きりのゲストダンサーとして踊ることは、大きな責任を背負っていると感じました。自分が試されているのだと思いました。

十三歳のときにワガノワ・バレエ学校への留学を勧めてくれたコワリョーワ先生も見に来られて、いい思い出となりました。

また前にも述べたように、シベリアのウランウデでも『白鳥の湖』を踊りました。シベリア抑留の日本人が建てた劇場に、初めて来た日本人、そこで初めて踊った日本人ということで、みなさんに歓迎していただきました。

ウクライナからの独立問題で揺れるバレエ団でのフランス公演も印象に残っています。ドネツク・バレエ団の監督から電話があり、フランスで公演中にプリマバレリーナが一人けがをしたので、踊ってくれないかと言われたのです。私は急なことで「無理です」とお断りしたのですが、私が出なければ公演はキャンセルされるとのことでしたので、芸術監督の「マラーホフに聞いてみる」と返事をしました。

すると勘違いしたのか、それともロシア的なやり方なのか、次の電話では、もう「航空券を取ったので、明日の公演はよろしく頼む」と言われてしまったのです。しかも頼んだ本人は現地にいらっしゃいませんでした。

日本人初ウランウデで踊る

私は足を痛めており、フライト当日の午後四時には病院の予約を入れていたのですが、覚悟を決めて行くことにしました。診察を終えて、タクシーで家に帰って二分で荷物をまとめ、五時の飛行機に間に合いました。

長らく『白鳥の湖』の全幕を踊っていませんでしたが、「できるかもしれない」という気持ちと「何とか助けてあげたい」という思いで、飛行機に乗りました。公演はフランスのストラスブール近郊です。初めてのバレエ団で初めてのオーケストラ伴奏で踊ることになったのですが、何と昼夜二回の公演でした。

到着の翌朝カンパニーのメンバーを紹介され、初めてのパートナーとバスに乗って一時間、十一時に劇場に着いて一時には本番です。しかも私は夜だけだと思っていたのに、二回の公演です。一日に二回全幕の本番を踊るのは初めてでした。

オーケストラと合わせる時間と振付の時間は合計わずか一時間、すぐに化粧をして本番に臨みました。『白鳥の湖』の見せ場である黒鳥のグランフェッテ三十二回転は、毎日やっていないと踊れないほどたいへんです。

踊り終わった後、「これでもう白鳥は踊らなくてもいい」と本当に思ったものです。一生忘れられない公演でした。

二〇一三年冬、ドネツク国際バレエフェスティバル二十周年を記念するパフォーマンスに招かれ、『シンデレラ』や『タンゴ』を踊りました。その数カ月後にウクライナとロシアの内戦が勃発し、テレビで放送される街の姿を見て心が痛みました。

『白鳥の湖』はとても美しいバレエです。プリンセスのオデットは悪魔のロットバルトに白鳥の姿に変えられてしまいます。白鳥はだれかが白鳥に愛を誓い、それを守ったときに人間の姿に戻れるという魔法がかけられています。

誕生日を迎えた王子のジークフリートは母親から王宮の舞踏会で花嫁を選ぶように言われます。

王子が白鳥のいる湖に狩りに出かけると、ひときわ美しいオデットに王子は惹かれます。オデットは王子に、夜だけ人間の姿に戻ることができ、呪いを解くには、まだだれも愛したことがない男性が愛を誓い、それを守ったときに呪いが解けると告げます。

ところが悪魔ロットバルトはそれを知って、自分の娘オディールを黒鳥に変えて舞踏会に送り込むと、王子は騙されて黒鳥に愛を誓ってしまいます。

最後は解釈によって変わるのですが、湖で泣いている白鳥と王子の愛が勝ってロットバルトが死んでしまうというのもあれば、二人がロットバルトに殺される、あるいは最後に白鳥が自殺するというバージョンもあります。

二つの役どころであるオデットとオディールは同じダンサーが踊るので、白鳥と黒鳥をどのように表現するか、それぞれです。黒鳥も王子を誘惑するのですが、白鳥と同じように優しく誘惑するのか、それとももっと激しいのか、やりがいと面白みがあります。

六十人ほどが出演するバレエで、日本でも最も人気がありますが、非常に奥深い内容を備え、表現力が求められます。

『白鳥の湖』は私にとって、特別なバレエと言っても過言ではありません。

バレエでめぐる世界

バレエの歴史をどこまで遡るかは議論がありますが、人類が生まれたときからダンスの歴史は始まっていると思います。体を動かして喜ぶことからすべては始まっています。火を起こして踊ったのがバレエの起源と聞いたことがあります。

イタリアでは十二、三世紀から、フランスではルイ十四世の頃からダンスが普及しました。ロシアでは十七~十九世紀に皇帝がバレエを好み、近代バレエはフランスからロシアに伝えられて発展しました。トゥシューズはまだありませんでした。

二十世紀初頭、ディアギレフやシャネル、ピカソがいた時代に、高級な舞台に発展し、バレエ・リュス（ロシアバレエ）の人たちが世界に散っていきました。一般大衆を巻き込んだビジネスに発展したのです。

アメリカではバレエ・リュスにいたロシア出身のバランシンがニューヨーク・シティ・バレエを作り、バランシン・スタイルを確立しました。アメリカのカンパニーにはバランシン・メソッドがあり、コンテンポラリーやモダンがあります。

またアルビン・エイリー・アメリカン・ダンス・シアターのように黒人だけのダイナミックでエ

ネルギーに溢れたダンスカンパニーもあります。

クラシックバレエはアメリカン・バレエ・シアターがメトロポリタン劇場で続けています。ダンサーは国際色豊かで、ロシア人もいれば南米の人たちもいます。

そもそもダンスとバレエを分けるものは何でしょうか。ダンスは思いのまま体を動かしてクリエーションできますが、バレエは伝統を伝える人がいなければ成立しません。そのため、バレエでは指導する人が大切なのです。

芸術と政治

私は政治にも大変関心があります。政治や歴史について知ることは、芸術家にとっても大切なことだと思います。一九九三年にロシアにいたときの感覚が蘇ってきました。ロシアは東西冷戦に負けたあと、強い国に戻りたいと思っていました。

私はベルリンを根拠地にしていますが、ロシアやアメリカで暮らした経験が生きていると感じています。メルケル首相にはドイツをまとめる力があると思います。

私が尊敬するピアニストで指揮者のダニエル・バレンボイムはユダヤ系です。

バレンボイムはまたイスラム系の若い人たちのオーケストラを組織しています。ベルリン国立歌劇場の横に専用のコンサートホールとリハーサル室まで作りました。世界平和のため、あえて壁を乗り越えて、一つにまとめようとしている気がします。

バレエも言葉のない芸術ですが、人々に感動を与え、力を与えることができます。いま世界で起きている戦争や紛争に対して、私ができることは微々たるものですが、芸術が少しでも世界を変えるきっかけとなるよう、力を尽くしたいと思います。

以前、日本でオペラを見に行ったとき、チケットはとても高額でした。これでは行ける人は限られます。芸術がもっと身近なものになればよいと思います。

変わりつつあるロシア

私がロシアに留学した一九九〇年代初めは、大変不便な時代でした。外貨を含めて外から来るものをすべてほしがる時代でした。私もターゲットだったかと思います。持ち出しできない絵画なども、税関でチューインガムやストッキングを渡せば、簡単に持ち出せる時代でした。空港は牢屋のように暗く感じました。

一九九三年の騒乱後はマフィアが跋扈し、目端の利く人は不動産などで財産を築きました。貧富の差が拡大し、食べ物やウォッカも飲めない人たちがたくさんいました。まるで二つの国になったようです。私も何度か危険な目に遭いました。一つ間違えば、銃で撃ち殺されていたかもしれません。エリツィンの時代には自由と引き換えに、貧富の差が拡大しました。

ロシアとウクライナが紛争になる数カ月前にドネツクで踊りました。紛争後、もう一度ガラで踊る話がありましたが、断ってよかったと思います。

バレエは政治だけでなく宗教にも絡むこともあります。イスラム教の住民が多い国や地域では、足を出して踊ることに抵抗があります。あるバレエ団がドバイに行ったとき、男性が半裸で踊るシーンが問題となり、衣装を着て踊ったそうです。

芸術の持てる力でシリア人、ロシア人、日本人など、人種も関係なくだれでも見に来て、だれもが素晴らしい音楽とバレエでエネルギーを感じてほしいと思います。

若手を育てるということ

いま私はバレエを目指す日本の子どもたちを連れて、世界で一流のレッスンを受けられるワークショップを行っています。ベルリン、アメリカ各地、ロシアなどで毎年開催しています。

二〇一四年に最初にベルリンでこのワークショップを始めました。どうして始めたのか。それは、私の十三歳のときの体験がきっかけです。旧日ソ親善協会でワガノワ・バレエ学校に行ったときに衝撃を受けました。バレエを学ぶなら、こういうところでなければいけないと、子どもながら、思ったのです。エルミタージュ美術館、マリインスキー劇場などの環境のなかで、バレエを学んだ二週間が、いまの私につながっています。

いま、当時の私と同じような体験を、若い世代に体験してほしい、そんな思いから、このワークショップを始めたのです。まずベルリン国立バレエ学校やマラーホフさんに相談して、受入れの了承を得て、宿泊するホテルの手配から何から、最初はほとんど一人でやることになりました。これまでにベルリンで五回、モスクワで二回、アメリカで三回、今後も各地で予定しています。

二〇一六年八月には、子どもたちを初めてボリショイバレエ学校に連れて行きました。十歳から十九歳までの女の子と男の子です。半年前からビザの準備を始め、レッスンの手配から食事の世話まで、すべて手作りツアーです。これを毎年行っています。

ボリショイバレエ学校では子どもたちと一緒に寮に泊まりましたが、さまざまな思いが沸き起こりました。私が留学した一九九三年から二十三年の月日が経っていました。私が初めて生活した三十一番の部屋も残っていました。

以前と比べるととてもきれいになっていました。それでもいまの日本の子どもたちにとっては満足できる環境ではなかったかもしれません。かわいいもので、暑かったので窓を開けると蛾が入ってきましたが、「先生、虫が入ってきました」と大騒ぎになったこともありました。当時はなかった洗濯機もトイレットペーパーもありましたが、日本の便利な生活しか知らない子どもたちには、抵抗感があったようです。

朝食と昼食は寮で食べます。朝ごはんは当時と同じカーシャというおかゆでしたが、口に合わない子どももいました。

「何が食べられるの」と聞くと、「お米」というので、白いお米とパンにしましたが、それでもパサパサのお米だったので、抵抗があったようです。

お昼はスープ、サラダ、メイン料理にチキンなどが出ました。「食べないと体力がなくなって練習できなくなるので、食べてみたら」というと、最後にはいろいろと食べられるようになりました。

ボリショイバレエ学校での子どもたちのワークショップ

授業はできるかぎり受けさせてあげようと、一時間半のクラスを四クラス、バリエーション、キャラクターダンス、歴史・民族ダンスなども勉強しました。朝九時から夕方五時半までみっちり練習です。

レッスンは大変厳しかったと思います。日本では技術ばかりを優先しますが、例えばピルエット（トゥ立ち回転）は、ただ三回転すればいいということではありません。アンデオール（足を外に開く）も、できなければ次に進めません。

基礎を固めることができて、一週間たつと見違えるほどになりました。足の使い方や立ち方を、日本ではあまりうるさく言われませんが、ボリショイバレエ学校で徹底的に教えてもらったことで、すばらしい進歩を遂げました。

民族舞踊やキャラクターダンスは、例えば『白鳥の湖』でも、結婚式の場で各国のお姫様が踊る場面があります。イタリア、スペイン、ハンガリーなど、国や地方によって手の使い方や足のポジションが異なるのです。

スペインはスペインの足の使い方があります。それを理解せずに『白鳥の湖』の第三幕を踊ると、ステップの踏み方、手の使い方が異なってきます。民族舞踊やキャラクターダンスは、作品全体の背景を知るうえで大変重要です。

さすがに本場のバレエは感動的で、絶対に妥協しないクラシックバレエの基本の大切さを、肌で感じてくれたと思います。最後にボリショイで修了書をいただくことができました。

クレムリンをはじめモスクワ市内の観光にも連れて行きました。ボリショイ・バレエ団の先生によるレッスンも経験させたかったので、リムジンバスで野外にも連れて行きました。『白鳥の湖』や『ロメオとジュリエット』なども鑑賞しました。

バスに乗っていると、私が当たり前と思っている風景にも、みんなは興味津々でした。ロシア正教の教会やクレムリンには感銘を受けたようです。

いまの子どもたちは繊細です。雑草のような生き方ができる子が少なくなり、みんな「ユリのようだなあ」と思います。

子どもたちと一緒に過ごして、改めてロシアバレエの基礎の大切さがわかりました。たゆまず基礎を学ぶことが、バレエの神髄を極めるために重要だと私も再確認することができました。

日本のバレエと私の「夢」

バレエは総合芸術です。まず基礎が大切です。正しいことをできるまで教えなければなりません。また自分の感性や内面から湧き出るものが大切です。

バレリーナを目指す若い人には、徹底的に基本を学んでほしいです。骨の構造、体格や体の作り、足の状態を見れば、バレエに向いているかどうか、すぐわかります。

日本のバレエ人口は増えていますが、子どもが減っています。日本のスタジオでは子どもが減って、大人が増えているところもあります。昔あこがれていたができなかった方々や健康のために始める人もいます。

バレエカンパニーはいくつかありますが、日本ではまだプロとして生活できる環境がありません。

プロを目指してバレエ団に入っても、ほかの仕事をしながら活動している人が大半です。

ベルリン国立バレエ団では政府からの援助があります。日本は政府の補助が少なく、芸術の地位が低いと感じます。

アメリカは寄付やスポンサーの仕組みができ上がっています。寄付をする人は税金の控除が受けられたり、プログラムの裏表紙に名前が掲載され、社会的評価が上がります。

夢コンサート2017

私の夢の一つは日本に本格的なバレエ団を作ることです。スポンサーとなる企業を探し、ダンサーが職業として成立して、公演と教育に打ち込める環境を作りたいと思います。いまはとても無理ですが、いずれは自分でバレエ団を持ちたいと思うほどです。日本だけでなく海外からもたくさんの先生を呼び、日本とロシア、アメリカ、ヨーロッパをつなぐ架け橋となりたいと思います。

また芸術家の地位を上げていければと思います。チケットはだれでも気軽に買えるくらいでないと幅広い観衆を集めることはできません。音楽家とのコラボ、画家とのコラボなど、ベルリンのような自由な創造ができる環境を作りたいと思います。

二十一世紀に入り、世界は再び不安定な時代を迎えようとしています。各地でテロや紛争が頻発しています。大国は再び十九世紀のような覇権争いを始めました。いまこそ芸術が平和の使者となるときです。私もバレエを通じて、戦争や争いのない世界を作り上げるために、少しでも貢献したいと思います。

第十章　マラーホフが語る日本とバレエ

私が初めて日本に来たのは一九八五年で、十七歳のときでした。今年私は五十歳になったので、すでに三十年以上前のことです。着物を着た人が歩いていて、人々が道路を掃除して、すべてが美しく完璧でした。当時から見ると、日本はずいぶん変わりました。日本は伝統を失いつつありますが、それは世界中で起きていることです。二十一世紀に入って電子化が進み、コンピュータ化されています。当時は携帯電話もiPadもありませんでした。

それでも日本はたくさんの特徴を持った国です。オペラやバレエのファンはたくさんいますし、野球、歌舞伎、宝塚など、文化があります。私は世界各地で踊りましたが、日本のファンが私のダンスを愛してくれているというフィーリングは私に力を与えます。

日本に来るといつも新しい発見があります。最初に来たときは刺身や寿司に「うわーっ」という感じで、食べられるのはエビフライだけでした。しかし何度も来ているうちに刺身や寿司はもちろんのこと、納豆やクサヤも食べるようになりました。

多くの人から「クサヤも食べるんですか?」と聞かれます。私は何でも食べてみます。

実は振付も同じことです。「これはあまりやりたくない」と思っても、やってみると新しい印象、新しいフィーリングを与えてくれます。食べ物と同じで、常にトライする価値があります。うまくいかないと思うことをやることに価値があるのです。それが私のパラレルな感情です。プロとしての感覚とプライベートな感覚です。

ファッションやショッピング、レストラン選びでも同様です。お気に入りの店が閉まっていても新しい店に行ってみると、新しい発見があったりもします。

マクドナルドができ、ジャンクフードが生まれますが、次の世代の人たちに私たちは影響を与えることができません。年を経ると人生の中で何かを失ってきたと感じることがあるものです。

愛美のことはもちろん以前からよく知っていましたが、一緒に仕事をするようになったのは最近のことです。最初は距離がありましたが、近づいてみると大変親しい友人となりました。まるで妹のようです。

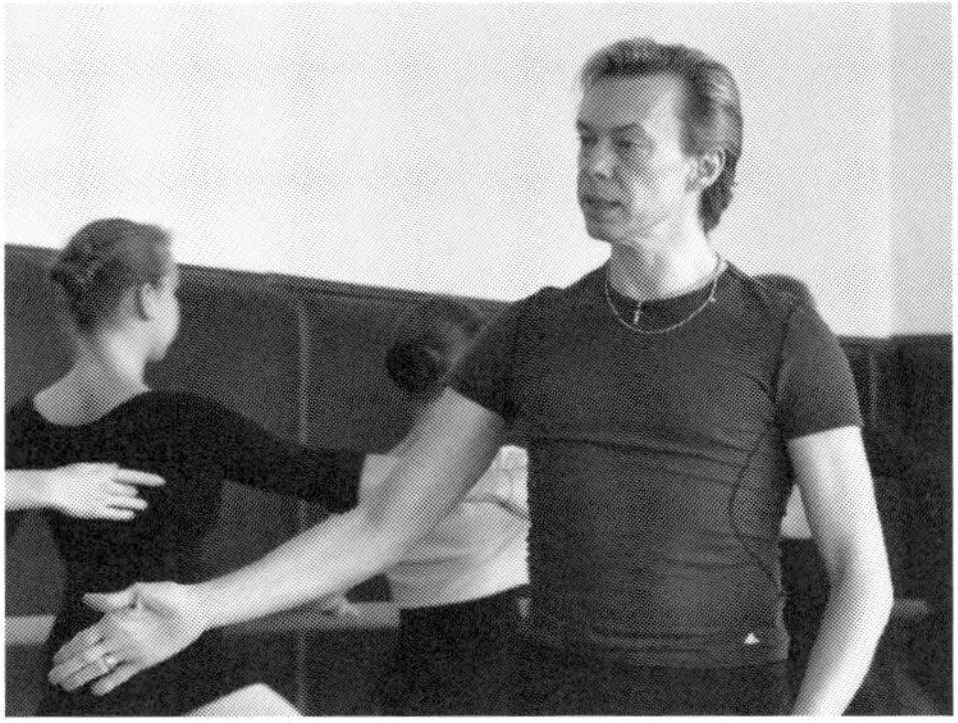

指導するマラーホフ

愛美はオペラ、コンサート、そしてバレエと芸術の人です。愛美は美しいダンサーというだけではありません。夢を持ち、仕事にのめりこみ、たくさんのことを一度に成し遂げようとします。例えば今回、愛美がきっかけで振付家の島﨑徹が大変素晴らしい作品を私たちのために与えてくれました。

私がベルリン国立バレエ団の芸術監督をやめてから、さまざまな出来事がありましたが、愛美は常に私をサポートしてくれます。

私がベルリン国立バレエ団をやめたとき、愛美も退団しました。私の人生は変わりました。踊っていたときは、次にどうするかなどとは考えておらず、やめたときは少し落ち込みました。私は人生のすべてをバレエに捧げてきたので、突然自分の将来が見えなくなったからです。

友人たちや愛美の助けもあって、新しい仕事が舞い込むようになり、私を失望から救ってくれました。この四年間、愛美は私のアシスタントとなり、創作のほとんどの現場に立ち会っています。クロアチア、スロバキア、イスタンブール、ロシア、もちろん日本でも常に愛美はアシスタントとして一緒に仕事をしています。世界にたくさん友人がいます。バレエの世界はとても小さいので、人と人がしっかりと結びついています。愛美はとてもポジティブなエネルギーを持っており、いつも私を刺激してくれます。

私には故郷がたくさんあります。生まれ育ったウクライナはもちろんのこと、ロシア、オーストリア、ドイツなどです。家族が住むウクライナはたくさんの政治的なことがありますが、私は芸術家であり、ウクライナで新しいバレエを創作しています。

それはウクライナのキエフ国立バレエ学校のための作品で、バレエ学校の芸術監督は日本人の寺田宜弘《のぶひろ》です。私の故郷はキエフから少し離れています。

いつも世界を行き来していますが、忙しいことが私に仕事のモチベーションを与えてくれます。家に留まって、何かを待っているのではなく、エネルギッシュに動くことで、新しい喜びを発見します。

ベルリン国立バレエ団の芸術監督をしていたときは、毎日、アドレナリンが二百パーセント出っぱなしの状態でした。芸術監督はすべてに責任を持たなければなりません。みな失敗や間違いの責任を取らされたくないので、あらゆることを芸術監督に持ち込みます。すべての課題を解決しなければなりませんでした。大きな石が両肩に載っていましたが、教訓も学びました。人はどのように自身をまもり、どうしたら騙されるか、自分の将来の人生にインスピレーションを与えてくれました。

スロバキアでマラーホフのアシスタントを務める針山愛美

アメリカにはずっと昔に行ったことがありますが、初めてアメリカン・バレエ・シアターに招かれてメトロポリタン劇場の舞台に立ったのは一九九五年のことでした。人々は自由でとても気に入りました。しかし9・11で多くのことが変わってしまいました。人々は落ち込み、控えめになり、閉鎖的になりました。もちろん仕事は仕事です。いまでも仕事でニューヨークに行きます。私は自分の仕事が好きですし、バレエの世界は変わっていません。

しかしバレエのモチベーションは自分自身の内面だけでなく、街やそこに住む人々からも与えられるのです。9・11でたくさんの人が死に追いやられました。ネガティブな要素や悲しみがいまも残っています。それでも私はニューヨークが好きです。好きな場所がたくさんあり、お店やレストラン、それに友人もいます。ニューヨークがもう一度復活してほしいと心から願っています。

私はコンテンポラリーバレエに対していつもオープンでしたが、初めはあまりトライしませんでした。西側で踊るとき、コンテンポラリーバレエが重要なことはよくわかっていました。レパートリーは広いので、クラシックだけでは成り立ちません。コンテンポラリーではまず芸術監督に見出してもらうことが大切です。私は自分自身に言いました。

目を見開いて、すべてを吸収しようとしました。

「ウラジーミル、お前がキャリアを積んでいきたいと思えば、芸術監督に見いだされて、作品を作ってもらわなければダメだ。そうすればお前はコンテンポラリーやモダンに新しい世界を見つけるだろう」

コンテンポラリーではまったく違った筋肉を使います。コンテンポラリーをやってからクラシックに戻ると違和感が生じます。というのもいままで動かしていなかった筋肉が動き始め、体の構造に変化が現れるからです。私はいまクラシックではなく、コンテンポラリーとネオクラシックなどを踊っていますが、もしクラシックに戻ろうとすると、何年もかかるでしょう。

私はクラシックの素晴らしいキャリアを持っていると自負しています。いまは少し違ったことも

マラーホフと針山愛美の稽古

したいと思っています。振付家が作品を作ってくれるので、大変幸せです。私は変化するのです。

ファンの存在も大切です。若い観客の前でステージに立つと、私も若返ります。人はすべてのことができるわけではありません。何かを失うこともあります。私は自分自身にこう言います。

「ウラジーミル、悲しむことはない。お前のキャリアは素晴らしかった」

これからも私のキャリアは続いていきます。

空飛ぶバレリーナ

ジャーナリスト　倉澤治雄

「空飛ぶバレリーナ」という形容が、針山愛美には最もふさわしいだろう。ベルリン国立バレエ団を二〇一四年に退団したいまも、衣装とトゥシューズをバッグに詰めて、舞台、講演、審査員と、世界を縦横無尽に飛び回る。

音楽一家に生まれた針山がクラシックバレエの最高峰、ボリショイバレエ学校に留学したのは一九九三年、針山が十六歳のときである。

旧ソ連では一九八五年三月十一日にミハイル・ゴルバチョフが共産党書記長に就任すると、「ペレストロイカ（改革）」と「グラスノスチ（公開）」を掲げ、民主化の道を歩み始めた。そして一九八九年の「ベルリンの壁崩壊」、一九九一年の「ソビエト連邦崩壊」により、「東西冷戦」は終結した。

針山が初めてレニングラード（当時）のワガノワ・バレエ学校に短期留学した一九九一年のソ連は、まさに崩壊前夜だった。さらにボリショイバレエ学校に入学した一九九三年は、守旧派と急伸改革派の「最終闘争」である「モスクワ騒乱」の真っただ中だった。針山は激動のロシアにたった一人で飛び込んでいった。

人生にとって十六歳は最も多感な時期である。友人、食事、音楽、家族、教育など、身も心も栄養を必要とする時期を、針山は飢餓と混乱の中で過ごした。たった一つの支えが「バレエ」だった。一九一七年のロシア革命以来、音楽や芸術は権力闘争にもてあそばれた。しかしクラシックバレエの伝統の灯は、ワガノワ・バレエ学校やボリショイバレエ学校で、連綿と受け継がれてきた。

一九九〇年夏、当時日本テレビ外報部の記者だった私は、一カ月半ほど取材でモスクワに滞在する機会を得た。取材の合間にチャイコフスキーコンクールを覗きに行った。この年の優勝者はピアノ部門がボリス・ベレゾフスキー、バイオリン部門が諏訪内晶子だった。政治的混乱にも関わらず、会場となったモスクワ音楽院大ホールは満席だった。音楽や芸術を愛する市井の人々の姿に、取材の緊張がたちまち和らいだことをはっきりと覚えている。それから二十余年後、同じ時期にモスクワでバレエを学んでいた針山に出会うことになる。

針山はロシア正統派バレエの聖地で、徹底的にクラシックバレエの基本を叩きこまれた。騒乱、食糧不足、極寒の中でレッスンを受けるだけでなく、毎夜劇場に足を運び、綺羅星のようなバレエダンサーの舞台を見つめ続けた。作品の神髄は舞台の上にこそある。

ダンサーの動きだけではない。客席の装飾、舞台の構造、衣装、道具、演出、振付、観客の反応、立ち居振る舞い、反応、香水の香り、劇場を包む空気。これらすべてが針山の脳裏と五感の奥深くに刻まれている。

ロシア語をゼロから習得し、バレエだけでなくほかの科目でも優秀な成績を収め、針山はボリショイバレエ学校を首席で卒業した。東洋から飛び込んできたバレリーナの卵を温かく迎え入れ、大切に育んだボリショイバレエ学校の教育に、ロシアバレエの伝統の懐の深さを感じさせる。

初めてコンクールに出場したパリ国際バレエコンクールは、大の日本びいきとして知られるフランスのシラク元大統領が創設した。フランス大統領は歴代、芸術に造詣が深い。ジョルジュ・ポンピドゥー大統領は、現代絵画の総本山、パリ「ポンピドゥーセンター」にその名が刻まれている。ルーブル美術館の改修はフランソワ・ミッテラン大統領のイニシアティブで進められた。アフリカンアートをはじめとする「原始美術」の芸術作品を集める「ケ・ブランリ美術館」は、パリ市長だったシラク大統領の発案で建設が始まった。

私はそのポンピドゥーセンターが開館した一九七七年から三年ほど、ボルドーに留学したが、その間、改修前のルーブル美術館を訪れた回数は優に五十回を超える。パリはそれほど魅力的な場所なのだ。

停滞と混乱のロシアから飛び出した針山にとって、美と芸術の都パリの姿はさぞまぶしく映ったことだろう。凱旋門、シャンゼリゼ大通り、エッフェル塔、オペラ座、ルーブル美術館と、そして下町のカルチエ・ラタンやサンジェルマン・デプレと、パリは街全体が歴史である。

パリ国際バレエコンクールもたった一人のチャレンジだった。金賞なしの銀賞に輝いたこともさることながら、針山は西洋への目を開かれた。フランス大統領公邸でのレセプションは、どれほど豪華だったことか。そしてヨーロッパ武者修行の第一歩が始まる。

パリで審査員長だったマイヤ・プリセツカヤとの出会いは針山の将来を暗示する。「踊って、踊って、踊り続けるの」というプリセツカヤの言葉を、針山は忠実に実践した。

モスクワのダンチェンコ・バレエ団でプロデビューした針山は、エッセン、モナコと修業を続けながら、ヨーロッパのエッセンスを吸収していく。まるでバレエの歴史をたどるように、針山の足はアメリカ大陸へと向いていく。ジャクソン国際バレエコンクールをきっかけに、バレエインターナショナル、クリーブランド・サンノゼ・バレエ団、ボストン・バレエとアメリカ大陸を横断してプロの頂点を目指す。

ボストンにいたときに「9・11アメリカ当時多発テロ」に遭遇、アメリカという国が大きく変わる瞬間に身を置いた。「東西冷戦」の終結による「平和の配当」を楽しむ間もなく、世界は「テロ」という病により、波乱と混乱の時代に入っていく。

そして、針山のレパートリーはクラシックから、モダン、コンテンポラリーへと広がっていく。表現の幅が広がることにより、やがて画家や音楽家とのコラボレーションにつながるのである。

日本を見つめ直すきっかけは、足の不調から始まった。ボストン・バレエを退団し、日本に戻った針山の脳裏に、「引退」の二文字が去来する。足で立てなくなることはバレエダンサーの死を意味する。そんな絶望の淵から救い出したのは家族との絆だ。クラリネット奏者の父、ピアニストの母、そしてバレエに打ち込む二人の妹と作り上げた「夢コンサート」で、足の不調から奇跡的に這い上がるのである。

二〇〇四年は針山にとって転機となる年である。この年ウラジーミル・マラーホフ率いるベルリン国立バレエ団に入団した。マラーホフは当時ベルリンにあった三つのバレエ団を統合、初代芸術監督に就任した。ロシア、西ヨーロッパ、そしてアメリカを経て、針山はベルリンに居を構えることになった。「ベルリンにはロシアとアメリカが共存する」と針山は語る。「鉄のカーテン」と「ベルリンの壁」という二重の金網に閉ざされてきたベルリンは、東西冷戦後、一挙に国際都市として復活した。

ウィーンフィルと並ぶ世界的オーケストラ、ベルリンフィルの本拠地には、蜜に吸い寄せられるように世界中から若い音楽家、画家、ダンサー、写真家、あらゆるジャンルの芸術家が蝟集する。針山が会場に足を運んだオペラ、バレエ、コンサート、リサイタルの数はおびただしい。ベルリンフィルの指揮者だけでもクラウディオ・アバド、小澤征爾、ダニエル・バレンボイム、サイモン・ラトル、キリル・ペトレンコなど、現代最高の指揮者による演奏をまるで美酒を飲み干すように吸収し尽くした。

ベルリンという地の利を生かして、オペラやコンサートのリハーサルに通ったことが、針山の身体表現を豊かにしていることは間違いない。音楽への情熱は限りなく、クラリネット奏者の父、ピアニストの母の血が針山を音楽へと向かわせる。

ベルリン国立バレエ団では、年間百回にも及ぶ舞台に出演し、『白鳥の湖』を中心に、クラシックからモダンまで、レパートリーを広げていった。その間もドイツ国内、シベリアから北極海までのロシア、グルジア、ウクライナ、バルト三国、中国・北京、タイ、台湾、ニューヨークと、休む間もなく激動の世界を駆けめぐった。

二〇一四年、針山はベルリン国立バレエを退団し、同時期に芸術監督マラーホフも退くことになった。ウィーンやベルリンは陰謀の街である。世界一流の芸術家の争奪戦が行われる一方、ポストをめぐって陰謀や駆け引きが繰り広げられる。ベルリン市民から圧倒的な支持を受けていたマラーホフの退任にあたっても、さまざまな憶測が飛び、マスコミを賑わせた。マラーホフ自身、退団に追い込まれたことで「気分が沈んだ」と語っている。

天才マラーホフは大の日本好きで、来日経験はすでに百回を超える。いまもダンサーとしてだけでなく、振付家として活躍する。クラシックバレエの世界ではすでに伝説のダンサーだが、マラーホフはモダン、コンテンポラリーバレエなどの新しい作品に挑んでいる。

リハーサルにかける執念はすさまじい。特にコンテンポラリーバレエでは、いままで使っていなかった筋肉がどんどん発達するという。普段着のマラーホフはとても物静かである。カメラを向けると口や目を大きくゆがめて人をからかう。

「僕は変な顔をするのが好きなんだ」

針山はマラーホフと共演するだけでなく、振付家マラーホフのアシスタントをしばしば務める。バレエは「振り写し」という独特の伝承方法で次世代に伝えられていく。伝えられずに失われた作品も多い。針山はマラーホフの故郷ウクライナのキエフ国立バレエ学校やクロアチア国立バレエ団、スロバキア国立バレエ団で、マラーホフ版『白鳥の湖』や『ラ・ペリ』などの振付指導を行っている。

バレエのためだけに書かれた曲は決して多くはないが、古今の名曲をまるでアンソロジーのように振付を施した作品が多数世に出ている。『チャイコフスキー』もその一つだ。バレエ音楽を究極の高みに引き上げたロシアの作曲家チャイコフスキーと、マラーホフの姿が重なると針山は言う。『ラ・ペリ』や『ボヤージュ』はマラーホフの存在なしには語れない。

コラボレーションとは「共」に「働く」の意である。作品として成立させるには、芸術家同士の「共鳴」が不可欠である。針山がダヴィト・ゲリンガスやホルム・ビークホルツと繰り広げたコラボレーションは、「音楽」と「バレエ」の流れから見ると極めて自然である。しかし画家やコンピュータエンジニアとのコラボレーションとなると、受け入れる側の素地がものを言う。ベルリンという街は、西洋の伝統を引き継ぎながら、いわば芸術のるつぼであり、さまざまな化学反応に満ち溢れる不思議な町である。

針山がいま最も熱心に取り組んでいるのが後進の指導だ。毎年、ロシアやアメリカに才能ある若い生徒を連れて、レッスンツアーを開催している。チケットの手配から食事の世話まですべて手作りだ。最高の環境で超一流のレッスンを受けさせるため、世界に広がるネットワークを利用する。また、二〇一七年からは神戸女学院大学の客員教授として教鞭をとる。

主要なコンクールで入賞する日本人ダンサーの数は増えた。グローバル化により、海外で留学生活を送ることも、それほど困難ではなくなった。一方で若い生徒たちは精神的にガラスのようにもろくなったと針山は語る。また、日本はプロの芸術家が独立して生活できる環境に乏しい。コラボレーションの場を見つけることも困難だ。バレエ公演もまだまだ少ない。そんな日本に、独自のバレエカンパニーを作ること、芸術を通して人々が心豊かに暮らせること、それが針山愛美の「夢」である。二人の妹、祐美と真実も同じバレエ・ダンスの世界で活躍し、手を携えて「夢コンサート」などの活動を行っている。

二十一世紀のキーワードは「アート」だと私は思う。バレエだけではない。「戦争と平和」が問われる時代ではなく、「戦争かアート」かが問われる時代になるだろう。

この本は針山愛美とマラーホフが語り、それを私がひとたび分解して、ジグソーパズルをはめるように再構成して成立した。そしてこの本はすべて私の文責である。針山が立ち会ったバレエやオペラだけでなく、オペラ、コンサート、リサイタルのリストを見ると、舞台の様子や音の響きが伝わってくる。針山が遭遇した事件や事故を振り返ると、今日私たちが置かれている激動の時代が見えてくる。

この本は回想録ではない。針山はこの本を契機に、新たな創造の世界に踏み出すだろう。針山のエネルギーを少しでも分かち合うことができれば、その言葉を活字にした者としてこれほど幸甚なことはない。

針山愛美【略歴】

1977年　4月17日生まれ（昭和52年）
1991年　ワガノワ・バレエ学校短期留学
1992年　ボリショイバレエ学校短期留学
1993年　ボリショイバレエ学校入学
　　　　「モスクワ騒乱事件」発生
1994年　ペルミバレエ学校短期留学
1996年　ボリショイバレエ学校首席卒業
　　　　ダンチェンコ・モスクワ音楽劇場バレエ団入団、プロデビュー
　　　　パリ国際バレエコンクール金賞なしの銀賞
1997年　モナコ王立バレエ学校短期留学
　　　　エッセンアルトシアター入団
　　　　モスクワ国際バレエコンクール「芸術的魅力賞」受賞
1998年　ジャクソン国際バレエコンクール
　　　　バレエインターナショナル入団
1999年　クリーブランド・サンノゼバレエ団入団
　　　　大阪・吹田市国際交流大使
2000年　マイアミ国際ダンスフェスティバル出演
　　　　ニューヨーク国際コンクール、日本人初銅賞
2001年　第1回「夢コンサート」（大阪）
　　　　ボストン・バレエ入団
　　　　「9.11アメリカ同時多発テロ」発生
2002年　レニングラード国立バレエ『白鳥の湖』『ジゼル』主演
　　　　TBS系番組『情熱大陸』出演
　　　　ジャクソン国際バレエコンクール「ロバート・ジェフリー賞」受賞
　　　　エスティ ローダー「ディファイニング ビューティ アワード」受賞
　　　　オールスターバレエガラ公演等
2003年　第2回「夢コンサート」
　　　　サンクトペテルブルクアカデミーバレエ団ゲスト主演『白鳥の湖』
　　　　アメリカのバレエ団ゲスト出演（シカゴ、アラバマなど）
2004年　ウランウデ劇場バレエ団『白鳥の湖』『ジゼル』で大臣表彰
　　　　ベルリン国立バレエ団入団『リング』『ラ・バヤデール』『シンデレラ』
　　　　『オネーギン』『チャイコフスキー』『ラ・ペリ』など
2005年　ベルリン国立バレエ団日本公演
2006年　第3回「夢コンサート」
2009年　モダンアートフェスティバル（以降、毎年さまざまなコラボレーション）
　　　　第4回「夢コンサート」
　　　　イレク・ムハメドフとオネーギン抜粋を共演
2010年　ペルミ、ウファなどロシア各地でガラ公演に参加
2011年　**「3.11東日本大震災」**

コペンハーゲン「東日本震災チャリティ公演」
タイ・バンコクツアー
ベルリンフィルの音楽家と共演（以後、毎年）
東日本大震災復興支援公演プロデュース公演

2012年　全国のバレエコンクール審査員（以降毎年各地10カ所以上）
ユネスコ記念「ペルミ国際バレエコンクール」審査員（2014年）
トラベリング・ソウル（ベルリン）プロデュース公演
『バッハプラス』プロデュース公演、ゲリンガスと共演
ロサンゼルスで『ホセ・カレーニョ』と『白鳥の湖』の抜粋、同共演
ロストロポーヴィッチ没後記念式典でリトアニア首相の前で共演

2013年　リガ国際バレエコンクール審査員（以降毎年）
ベルリンフィルと共演（2014年も）
フランスでドネツクバレエ団『白鳥の湖』
ドネツク国際バレエフェスティバル
パッサウ国際音楽フェスティバル
「バーデンバーデン音楽祭」でベルリンフィルと共演

2014年　ベルリンインターナショナルワークショップ主催（以降毎年）
中国・台湾ツアー
ベルリン国立バレエ団退団
ベルリンフィル本拠地でコラボレーション『花の夢』
世界、日本各地で講演会（シンポジウムや大学など、以降毎年）
アメリカ各地サマーインテンシブ講師（以降毎年）
ラトビア・ストックホルム国際ダンスフェスティバル
マラーホフ指導DVDプロデュース

2015年　スロバキア国立コシシェ州立歌劇場でマラーホフ版『ラ・バヤデール』振付指導
キエフ国立バレエ学校でマラーホフ版『仮面舞踏会』振付指導
アメリカ、アラバマで『白鳥の湖』主演
「グランプリ・ウラジーミル・マラーホフ」（キューバ）

2016年　「マラーホフとフレンズ」ガラ公演・ベルリン
「グランプリ・ウラジーミル・マラーホフ」（キューバ）ガラ公演・テレビ出演
「ベルリンデュオ」プロデュース公演、ホルムと共演（大阪、静岡、東京）
キエフ国立バレエ学校『パキータ』振付指導
カザフスタン国立バレエ学校にてマスタークラス
「日米リーダーシッププログラム」国際シンポジウム日本メンバー
ニューヨークにて『ジャック・ダンボワーズ』振付作品ガラ
ボリショイバレエ学校現地ワークショップ教育プロジェクト（以降毎年）
リガで針山愛美撮影の写真展を開催

2017年　第5回「夢コンサート」
クロアチア国立バレエでマラーホフ版『白鳥の湖』振付アシスタント

キエフ国立バレエ学校でマラーホフ版『ラ・ペリ』振付指導
台湾グランプリ審査員
東京混声合唱団と共演『月の夜』世界初演
神戸女学院大学客員教授
針山愛美豊中プロジェクト VoL.2

2018 年　スロバキア国立コシシェ州立歌劇場でマラーホフ版『白鳥の湖』振付指導

針山愛美（はりやま・えみ）

1977年、兵庫県生まれ。ボリショイバレエ学校を首席で卒業、ロシア、アメリカ、ベルリン国立バレエ団などで活躍。世界各地でゲストとして招かれ『白鳥の湖』などに主演。モスクワ国際コンクール特別賞、ニューヨーク国際コンクール銅メダル（日本人初）、パリ国際バレエコンクール銀メダリスト（金なし）など。吹田市国際交流大使。ダンスと音楽のプロデュース公演を行い、ベルリン・フィルハーモニー管弦楽団と共演。チェリストの巨匠ダヴィド・ゲリンガスとデュオでプロデュース共演、リトアニア首相出席の公演で踊る。ウラジーミル・マラーホフと世界各地で演出振付に携わっている。世界、日本各地でバレエコンクールの審査員、国際ワークショップを主催、世界各地に講師として招聘。『情熱大陸』などで放送される。また、若いバレエダンサーを育成し海外との架け橋になる活動を行う。

倉澤治雄（くらさわ・はるお）

1952年千葉県生まれ、開成高校卒、1977年東京大学教養学部基礎科学科卒、79年フランス国立ボルドー大学大学院修了・第三課程博士（物理化学専攻）、80年日本テレビ入社。原発問題、宇宙開発、環境、地下鉄サリン事件、司法、警察、国際問題など担当。経済部長、政治部長、解説主幹を歴任。著書『福島原発事故に至る原子力開発史』（中央大学出版部）、『原発ゴミはどこへ行く』（リベルタ出版）、『原発爆発』（高文研）、『テレビジャーナリズムの作法』（花伝社）、『徹底討論　犯罪報道と人権』（現代書館）、『原子力船「むつ」虚構の航跡』（現代書館）ほか。

世界を踊るトゥシューズ—私とバレエ

2018年6月30日　初版第1刷印刷
2018年7月10日　初版第1刷発行

著　者　針山愛美
発行人　森下紀夫
発行所　論 創 社
〒101-0051 東京都千代田区神田神保町2-23　北井ビル2F
TEL：03-3264-5254　FAX：03-3264-5232　振替口座　00160-1-155266
装幀／奥定泰之
印刷・製本／中央精版印刷
組版／フレックスアート
ISBN978-4-8460-1734-7　